Michael Rutz (Hg.)

Demokratie, ein Auslaufmodell?

Michael Rutz (Hg.)

Demokratie, ein Auslaufmodell?

Vom Besten des Mangelhaften

HERDER

FREIBURG · BASEL · WIEN

MIX
Papier aus verantwor-
tungsvollen Quellen
FSC® C083411

2. Auflage 2022

© Verlag Herder GmbH, Freiburg im Breisgau 2022
Alle Rechte vorbehalten
www.herder.de

Umschlagkonzeption: Verlag Herder
Umschlagmotiv: © cqfotografie / Adobe Stock
Satz: Daniel Förster, Belgern
Herstellung: CPI books GmbH, Leck
Printed in Germany

ISBN Print: 978-3-451-03362-9
ISBN E-Book (E-Pub): 978-3-451-82716-7
ISBN E-Book (Pdf): 978-3-451-82710-5

Inhalt

Michael Rutz

Warum über Demokratie reden?

Weil wir nie wieder als Knechte leben wollen ...

Die wichtigen Probleme unserer Zeit sind meist nicht die, um die der größte Lärm gemacht wird. Eines davon ist seit Jahrzehnten die Gefährdung der freiheitlichen Demokratie, die im Herbst 2021 Gegenstand der *DomGedanken* im Münsteraner Dom war. Wir haben die Demokratie geschätzt, hatten uns an ihre fortdauernde Existenz gewöhnt, gingen zur Wahl. Aber die Erosion ihrer Fundamente hatte schon lange begonnen, schleichend zwar, aber nachhaltig. Und keine Fridays-for-Future-Aktivisten oder sonstige selbst ernannte Bürgerbewegte und -erzürnte kümmerten sich darum. Gefährdungen schienen uns eher theoretischer Natur. Zwar berührte es uns, wenn die aus kommunistischer Knechtschaft geflohene Literatin Herta Müller in ihrer Münsteraner Rede sagte: »Als Knecht möchte ich nie wieder leben«. Aber wir fühlten uns nicht motiviert, für die Demokratie und ihre Freiheit auf die Barrikaden zu gehen.

Der russische Krieg gegen die Ukraine hat unsere Wahrnehmung verändert. Wir erkennen plötzlich, wie schnell es gehen kann, in die Knechtschaft von Diktatoren zu geraten, die aus imperialem Wahn Freiheit, Demokratie, Menschenleben niederwalzen, wenn sie Wehrlosigkeit wittern. Im Schnellkurs haben wir gelernt, dass eine freiheitliche Demokratie wehrhaft sein muss, nicht nur im Kopf, sondern ganz handfest mit Waffen. *Si vis pacem, para bellum* – wir hatten verdrängt, dass Frieden nicht einfach diplomatisch herbeigeredet werden kann. Freiheit und Demokratie müssen zudem auch wehrhaft sein in ihrer materiellen Existenz – ausreichende Autarkie bei Nahrungsmitteln, der Energieversorgung. Diese eine und die andere Wehrhaftigkeit wurden uns in der Ära Merkel genommen – eine traurige Bilanz.

Wie konnte das geschehen?

Die erste erschreckende Diagnose ist ein mittlerweile **deformiertes Freiheitsverlangen.** Die Menschen, so hat es auch die Corona-Zeit erwiesen, sind bereit, ihre Freiheiten einzutauschen, am schnellsten gegen das Versprechen von Sicherheit. Die Vorstellung, dass ein freies Leben mit Selbstverantwortung und Risiken verbunden ist, mögen sie nicht. Risiken möchte man abwälzen, auf Versicherungen, notfalls auf den Staat. Alles muss fein reguliert sein durch Vorschriften für alles und jedes – für Gesundheitsschutz, für Mobilität, Kantinen, Arbeitsplätze, für Investitionen, Weinbergflächen, Traktorensitze, für Lebensmittel und alles, was das Leben ausmacht. Das ist deutsch.

Vielleicht liegt das in unserer DNA. Der Ordnungssinn des Preußenstaates, die mörderische formale Korrektheit des totalitären Nazi-Staates mit seiner wärmenden Überhöhung der deutschen Nation als antiindividualistischem Volkskörper, die Vergangenheit der freiheitsberaubenden, aber doch irgendwie kuscheligen DDR – all das hat das Ideal der Freiheit relativiert und den Willen zur Verteidigung von Freiheit und Demokratie geschwächt, im Inneren wie im Äußeren. »Wenn von der DDR die Rede ist«, notiert die Literaturnobelpreisträgerin Herta Müller in diesem Band, »spricht man heute selten von Freiheit und Befreiung und oft von den Brüchen im Leben nach dem Fall der Mauer. Die Befreiung von der Diktatur wird umgedreht zu einer Klage über den Verlust der vermeintlichen Sicherheit. Und dadurch kann sich der ganze Blick auf die Freiheit, in der man lebt, verdrehen«

Hinzu kommt die Beobachtung einer *schweren Sklerose unserer Staatsverwaltung*, der eigentlich der Garant einer freiheitlichen Demokratie sein soll. Die Parlamente in Berlin oder Brüssel aber nehmen sich der Regulierungssehnsucht der Bürger gerne an, häufen Jahr für Jahr ein Gesetz auf das nächste und komplizieren fortlaufend unser aller Leben. Dass der Fortschritt auch einmal gerade in solchem Nichtstun liegen könnte, will ihnen nicht in den Sinn. Befeuert werden sie von Tausenden von demokratisch durch nichts legitimierten Bürgerinitiativen und aktivistischen Bewegungen für und gegen alles, die den Politikern im Verein mit skandalisierungsfreudigen Medien überall das Leben schwermachen. Aber statt den Rücken gerade zu halten und auf den Kompetenzen eines Abgeordneten in einer repräsentativen Demokratie zu bestehen, knicken sie immer wieder ein und haben den Schreihälsen unserer Tage auch noch ein »Verbandsklagerecht« eingeräumt, mit dem alles und jedes blockiert werden kann. Die Verwaltungen sind von dieser zunehmenden Gesetzes-Komplexität überfordert, fachlich wie organisatorisch, und ziehen sich – zur Corona-Zeit war das besonders intensiv zu beobachten – bei jeder Gelegenheit aus der Verantwortung zurück. Im Zweifel ablehnen, sagt sich der Beamte: soll der Bürger doch klagen, unser Kostenrisiko trägt der Steuerzahler, überdies dauern die Verfahren Jahrzehnte, da sind wir längst in Pension. So höhlt sich die repräsentative Demokratie selbst aus.

Die dritte Bedrohung der Demokratie ist die *abnehmende politische Bildung*. Jede Universität kann heute erschreckende Nachricht geben von unzureichenden Kenntnissen auch in Staatsbürgerkunde und Geschichte. Die Curricula unserer Schulen, auch der Gymnasien, sind von allzu großem Anspruch entkernt in der Vorstellung, formale Bildungsgerechtigkeit würde garantiert, indem man das allgemeine Niveau senkt. Wer aber nichts mehr weiß über menschenquälende Diktaturen, über das schwere und opferbereite Erringen von Freiheit, über die Diskussionen zur Formulierung eines deutschen Grundgesetzes, über die historische Großtat der Gründung einer Europäischen Union, über die Demokratie als bestmögliche Form des fairen Zusammenlebens, der wird anfällig sein für alle Schmähungen, die unser demokratisches System heute in einer atomisierten Medienlandschaft ausgesetzt ist. Er wird dem Politischen überhaupt ausweichen wollen.

Viertens leidet die Demokratie unter der *Implosion der christlichen Kirchen*. Sie waren es, die die Wertebildung im vorpolitischen Raum garantierten. Es reicht zu diesem Ziel ja nicht, irgendwie religiös zu sein. Vielmehr kommt es auf eine weithin wahrnehmbare Präsenz in der gesellschaftspolitischen Diskussion an, die nur ein Kollektiv erreichen kann, eine organisierte Kirche eben. Sie selbst und ihre Botschafter müssen allerdings von ausgesuchter Integrität sein, damit die Werte-Botschaft auch vertrauensvoll akzeptiert und umgesetzt wird. Diese Integrität der Kirchen hat weithin gelitten. Im Ergebnis fehlen der Demokratie und ihren politischen Entscheidungsträgern nicht nur die wertebildende Quelle, ohne die sie nicht existieren können. »Die für die gewaltlose parlamentarische Diskussion vorausgesetzte Wert- und Willensgemeinschaft weist Risse auf, die eine Krise des Systems ebenso auslösen wie das offenbar werdende Problem, die Gefolgschaft für die Demokratie zu sichern«, schreibt

Michael Rutz

Rüdiger von Voss in diesem Buch. Es fehlt der Politik dann das starke Widerlager einer spirituellen Autorität, die sie zur Mäßigung und zur Bescheidenheit zwingen kann. Das Erscheinen einer solchen Fehlstelle hat schon zu allen Zeiten Autokraten und Diktatoren ermuntert, sich dem Volke auch als spiritueller Führer zu empfehlen und damit demokratischen Ideen den Garaus zu machen. Das geschieht in Russland: In einer organisierten »Symphonie« zwischen Diktator und orthodoxer Kirche redet der vom Kreml geschützte und gestützte Patriarch seinen Gläubigen ein, nur durch Obrigkeitsgehorsam komme man in dem Himmel, im Gegenzug darf sich diese Obrigkeit dann auf göttliche Sendung berufen.

Der nächste Punkt: *Der Wandel der Medienlandschaft.* Die Chancen weltweiter Teilhabe, die die sozialen Medien bieten, werden überlagert von den erfolgreichen Kreationen vieler »Gegen-Öffentlichkeiten«, die sich aus Ideologien, aus Unterstellungen, aus Verschwörungstheorien und Falschbehauptungen speisen. »Viele Facetten der neuen Gegen-Öffentlichkeiten auf der Straße und im Internet agieren mit eigener Wirklichkeit, die ihren Urgrund darin hat, lange selbstisoliert leben zu müssen. Wer hört, wer sieht mich? Wer nimmt auf mich noch Rücksicht? Die Neigung, über Monate prinzipiell nur moch mit mir selbst zu reden, verengt durch fehlende Resonanz und soziale Interaktion unsere Realitätswahrnehmungen«, hat Karl-Rudolf Korte in seinem Beitrag beobachtet.

Es ergibt sich, ganz im Hegelschen Gedankenkreis, ein naiver Empirismus des natürlichen Bewusstseins, das sich auf eine sinnliche Anschauung begrenzt – die faktenschwächste und ärmste aller möglichen Anschauungen der Wirklichkeit. Mit eben dieser Selektion aber wollen Populisten und Demokratiefeinde punkten.

Der öffentlich-rechtliche Rundfunk hätte hier eine große Aufgabe. Sie ist beispielsweise in der neuesten Fassung des Rundfunkstaatsvertrags für den Norddeutschen Rundfunk vom März 2021 in den Paragrafen 5 und 8 auch anspruchsvoll formuliert, nach der eine solche Rundfunkanstalt »einen objektiven und umfassenden Überblick über das internationale, nationale und länderbezogene Geschehen« anzubieten hat, und zwar in der Reihenfolge »Information, Bildung, Beratung und Unterhaltung«. Dieses Angebot dürfe »nicht einseitig einer Partei oder Gruppe, einer Interessengemeinschaft, einem Bekenntnis oder einer Weltanschauung« dienen, deren Auffassungen »angemessen und fair« zu berücksichtigen seien. Auftrag ist eine sachliche und umfassende Berichterstattung mit dem Ziel, »zur selbständigen Urteilsbildung der Bürger und Bürgerinnen beizutragen.«

Allein: Nicht nur die informationsaverse und zu sehr quotenorientierte Programmplanung von ARD und ZDF spricht da eine andere Sprache. Auch mit dem Auftrag zu neutraler Berichterstattung und Binnenpluralität tun sich die Journalisten dort schwer. Hinzu kommt die oft menschenverachtende Häme der so genannten Satiresendungen (wie der »heute show« oder jener von Böhmermann) – auch so kann man Respekt vor dem demokratischen System und seinen Funktionsträgern unterhöhlen.

Ein sechstes Problem liegt in der **wachsenden Spaltung der Gesellschaft**. Sie äußert sich keineswegs vor allem materiell. Vielmehr nutzen Populisten die Zukunftsskepsis der Menschen für das illusionäre Versprechen, man müsse nur zur nationalen Abschottung und zu einem Elitesystem der Blutsdeutschen zurückkehren, schon würde alles gut. Viele glauben solchen Verheißungen und haben das demokratische System in Verdacht, es raube ihnen die Zukunft und verkaufe ihr Land. Das spaltet.

Michael Rutz

Solche Spaltung geht auch aus von einer arroganten »wokeness« aus, einem – wie die Neue Zürcher Zeitung einmal schrieb, »amorphen, von Befindlichkeiten gesteuerten Gebilde«, einer »gesteigerten Form der Political Correctness: Sei wach, richte über andere und fühle dich gut dabei«. Die Gesetze, nach denen moralisch, gesellschaftspolitisch oder sonstwie unbequeme Meinungen attackiert werden, verschieben sich dabei laufend, sie wachsen sich zu einer »cancel culture« aus, die die Meinungsfreiheit und die Berufsfreiheit bedroht, die zutiefst undemokratisch ist und die auf viel zu geringen Widerstand stößt. »Wokeness« in Verbindung mit der anonymen Herabsetzungsmacht der sozialen Medien ist eine Giftmischung, die töten kann.

Die Täter darin eint ihre intellektuelle Flexibilität, ihre Wortmächtigkeit, ihre ideologische Aufgeladenheit. Die Opfer sind jene, die über all das nicht verfügen, die nicht zur Bildungs- oder sonstigen Elite gehören, die schlicht und einfach jeden Tag ihrer Arbeit und ihrem Broterwerb nachgehen und sich um das intellektuelle Gekräusel unserer Zeit nicht scheren können und wollen. Diese Menschen fühlen sich bevormundet und überfordert. Aber »es ist irrtümlich anzunehmen, dass es nur besserer Aufklärung bedarf, und alle Bürger würden eine Abtreibung oder gleichgeschlechtliche Ehen guthcißen. Jede Gesellschaft besteht aus einem breiten Spektrum von Haltungen. Wenn die Progressiven zu weit nach vorn preschen, stärkt dies eher die Beharrungskräfte und Angstphantasien der Konservativen«, hat Joachim Gauck das in diesem Buch formuliert. Und: »Als Alexis de Tocqueville 1831/32 Amerika besuchte, sah er eine derartige Form des »Despotismus« noch von der Mehrheit ausgehen. Heute stellen wir fest, dass schon eine entschiedene Minderheit ausreicht, um die Mehrheit unter Druck zu setzen.«

Dabei hätten die Bildungs- und Funktions-Eliten in unserer Gesellschaft die bedeutende Aufgabe, unsere Demokratie zu sichern. Sie sind es, »denen von der Gesellschaft besondere Autorität zugeschrieben wird – und die aufgrund dieser Konstellation in je verschiedenen Feldern besondere Macht (haben): sei es in der öffentlichen Kommunikation oder im politischen Entscheidungsraum.« (Hedwig Richter in diesem Buch). Die Lehre: Mancher, der bisher verwundert schweigt, sollte lieber reden und sich an die Front der Demokratie-Verteidigung begeben – in Deutschland, in Europa. Denn »die EU muss Garant für Demokratie und Rechtstaatlichkeit sein, sie muss unseren Kindern und Enkeln alle Angst nehmen, wieder in nationalistische, menschenverachtende Zustände zu verfallen. Die EU muss Hoffnung ausstrahlen, keine Angst; Zuversicht, keine Zweifel; und: Solidarität, keinen Egoismus.« Darin muss man Jean Asselborn – siehe in diesem Buch – zustimmen.

Da ist es beachtlich, dass *Evonik Industries* es auch 2021 und in diesem Jahr und mit diesem Buch ermöglicht hat, (in unvermuteter Aktualität durch den Angriffskrieg Russlands auf die Ukraine) solche Gedanken zu denken, und solche Apologeten der Freiheit und der Demokratie zu Worte kommen zu lassen. Dort geht der Dank an Christian Kullmann und Christian Schmid. Und dass das *Domkapitel zu Münster* – zuvörderst Dompropst Kurt Schulte und Dompfarrer Hans Bernd Köppen – sich immer wieder solch wichtiger gesellschaftspolitischer Themen annimmt, ist ein Zeichen der Kraft, die in der katholischen Kirche doch steckt und die, wie in Münster, nun überall wieder an die Oberfläche gebracht werden muss. Denn Diktatoren machen auch vor Glaubensgemeinschaften, die sich ihnen nicht unterwürfig zeigen, gewiss nicht Halt.

Michael Rutz

Herta Müller

Die Zeit ist ein Dorf, und die Angst hat das kürzeste Gesicht

Erfahrungen einer Diktatur

1.

Im Juni 2021 veröffentlichte die Universität Bielefeld eine Studie über die politischen Einstellungen in Deutschland. Demnach sagt jeder Fünfte, dass die Demokratie nicht zu sachgerechten Entscheidungen führt, sondern nur zu »faulen« Kompromissen. Erschreckende 16 % stimmen der Aussage zu: »Die regierenden Parteien betrügen das Volk.« Und genau so viele sagen sogar, Deutschland gleiche mehr einer Diktatur als einer Demokratie. Und nochmal 11 % stimmen dieser Aussage teilweise zu. Also glauben mehr als ein Viertel der Deutschen, sie leben nicht in einer Demokratie, sondern mehr oder weniger in einer Diktatur. Woher kommt dieser absurde Blick auf die Wirklichkeit, in der – trotz Pandemie – alle demokratischen Entscheidungsebenen funktionieren?

Welche Vorstellung vom Leben in einer Diktatur steckt in den Köpfen von mehr als 22 Millionen Deutschen? Hat man 30 Jahre nach dem Ende der DDR und der anderen Diktaturen in Osteuropa vergessen, was Diktatur bedeutet, wie sie einem das Leben stiehlt?

Freiheit und Befreiung. In der DDR ist das gelungen. Aber wenn von der DDR die Rede ist, spricht man heute selten von Freiheit und Befreiung und oft von den Brüchen im Leben nach dem Fall der Mauer. Die Befreiung von der Diktatur wird umgedreht zu einer Klage über den Verlust der vermeintlichen Sicherheit. Und dadurch kann sich der ganze Blick auf die Freiheit, in der man lebt, verdrehen. Ich kann mir diese Verdrehung nicht leisten. Ich weiß den Unterschied von Diktatur und Freiheit – und dass jede Diktatur einem das Leben stiehlt.

2.

An einem Wintertag ging ich mit meiner Mutter drei Kilometer durch den Schnee ins Nachbardorf ein Fuchsfell kaufen für einen Mantelkragen. Der Pelzkragen sollte mein Weihnachtsgeschenk sein. Das Fell war ein ganzer Fuchs, und es glänzte kupferrot und wie Seide. Es hatte einen Kopf mit Ohren, eine getrocknete Schnauze und an den Füßen die schwarzen getrockneten Pölsterchen der Pfoten mit porzellanweißen Krallen. Und einen so bauschigen Schwanz, als wäre noch der Wind drin. Dieser Fuchs lebte. Nicht mehr im Wald, aber in seiner konservierten Schönheit.

Der Jäger hatte rote Haare wie der Fuchs. Vielleicht fragte ich ihn deshalb, ob er ihn selbst geschossen hat. Er sagte, auf Füchse schießt man nicht, Füchse gehen in die Falle.

Und das alles sollte ein Mantelkragen werden? Ich ging noch zur Schule und wollte nicht wie alte Damen einen ganzen Fuchs

Herta Müller

mit Kopf und Pfoten am Hals, sondern nur ein Stückchen Fell als Kragen. Aber zum Zerschneiden war der Fuchs zu schön. Darum begleitete er mich jahrelang und durfte überall, wo ich wohnte, wie ein Haustier auf dem Fußboden liegen.

Eines Tages und 15 Jahre später stieß ich im Vorbeigehen an das Fell und der Schwanz rutschte weg. Er war abgeschnitten. Wochen später war auch der rechte hintere Fuß abgeschnitten, dann der linke. Ein paar Monate später nacheinander die vorderen Füße. Der Geheimdienst kam und ging, wie er wollte. Er hinterließ Zeichen, wenn er wollte. Der Wohnungstür sah man nichts an. Ich sollte wissen, dass mir in meiner Wohnung dasselbe passieren kann wie dem Fuchs.

Zu der Zeit arbeitete ich in einer Fabrik und übersetzte die Betriebsanweisungen für Maschinen, die aus Deutschland importiert wurden. Auch im Büro tauchte jetzt alle paar Tage ein Securitate-Hauptmann auf. Er wollte mich als Spitzel anwerben. Zuerst mit Schmeicheleien. Und als ich mich weigerte, warf er die Blumenvase an die Wand und drohte. Sein Abschiedssatz war: Es wird dir noch leidtun. Wir werfen dich ins Wasser. Mitten durch die Stadt fließt die Bega.

Erst einmal wurde ich dann aber aus der Fabrik geworfen. Jetzt war ich ein Staatsfeind und arbeitslos. Der Geheimdienstler nannte mich bei den nun folgenden Verhören nicht nur »Hure« und »Hündin«, sondern auch »parasitäres Element«. Das klang wie Ungeziefer. Derselbe Geheimdienst, der meine Entlassung bewirkte, beschuldigte mich nun, dass ich nicht arbeite, und erinnerte mich daran, dass es dafür Gefängnis geben könnte. So war das mit den sicheren Arbeitsplätzen. Fast wie beim Militär. Jeder musste jeden Morgen antreten beim Staat. Es hieß: »Wer nicht arbeitet, soll auch nicht essen.« Und wenn man morgens um halb sieben zur Arbeit kam, spielte über dem Fabrikhof die Marschmusik mit Arbeiterchören bis hinauf in den Himmel. Man ging im Takt, ob man wollte oder nicht.

Jeder kam an seinem Platz an. Die Arbeiter an den Fließbändern und wir Büroleute an den Schreibtischen. Und dann ging man duschen. Dann wurde Kaffee gekocht, die Fingernägel lackiert. Zwischendurch bisschen was gewerkelt, und dann war schon Mittagspause mit Marschmusik und Arbeiterchören aus dem Lautsprecher. Viel wichtiger als unsere Produktivität war unsere Anwesenheit. Für diesen Gehorsam gab es vom ersten Arbeitstag bis zur Rente jeden Monat ein Gehalt. Ob etwas produziert wurde oder nicht, spielte fast keine Rolle. Unsere Maxime in der Fabrik war: Mach heute nicht, was du gestern versäumt hast, denn morgen ist es vielleicht nicht mehr nötig. Der Staat stahl uns das Leben – und wir stahlen ihm die Zeit.

Und wenn es in der Fabrik wegen Materialmangels keine Arbeit gab, trieb man das Proletariat in einen großen Saal und hielt eine sozialistische Sitzung. Dort saß man mit dem Hintern auf dem Stuhl und mit dem Kopf in seinen vielen persönlichen Sorgen. Die Aktivisten vorne im Präsidium droschen ihre leeren Sätze so lang sie wollten.

In Wahrheit war der große sozialistische Schlendrian keine Freiheit, sondern staatlich überwachte Präsenz. Der Securist, der mich wochenlang im Büro bedrohte, war speziell für die Fabrik zuständig. Er war fest angestellt, gab sich aus als Ingenieur und arbeitete bestimmt mehr als wir alle zusammen. Er war mit unzähligen Spitzeln verantwortlich für die Angst.

Als ich meiner Mutter die Sache mit dem Fuchs erzählte, waren ihm schon alle vier Füße abgeschnitten.

Herta Müller

Meine Mutter fragte: »Was wollen die von dir?«

Ich sagte: »Angst.« Und das stimmte.

Dieses kurze Wort erklärte sich selbst. Denn so wie die Fabrik war das ganze Land ein Angstgebäude. Es gab die Angstherrscher und das Angstvolk. Jede Diktatur besteht aus denen, die Angst machen, und den anderen, die Angst haben. Angstmacher und Angstbeißer. Ich habe immer gedacht, Angst ist das tägliche Werkzeug der Angstmacher und das tägliche Brot der Angstbeißer. So war das damals vor 1989 in ganz Osteuropa.

Als sie den verstümmelten Fuchs sah, hatte meine Mutter auch Angst. Angst um mich und Angst um sich selbst.

Sie sagte: »Du liegst eines Tages tot im Graben. Dafür habe ich dich nicht großgezogen.«

Und dann schluckte sie, verdrehte die Augen und sagte dazu: »Andere applaudieren und verdienen Geld. Und du bringst unsere Familie in Gefahr.«

Sie hatte eine doppelte Angst. Angst um mich und Angst vor mir. Diese doppelte Angst ist mir im ganzen Land begegnet.

Ich bekam nie wieder eine feste Anstellung und wusste nicht, wovon ich leben soll. Ich hatte überhaupt kein Geld. Gelegentlich bekam ich eine befristete Aushilfsstelle in irgendeiner Schule. Von der Straße kommend hörte ich das laute Summen der Stimmen aus dem Lehrerzimmer. Sobald ich die Tür öffnete und im Lehrerzimmer erschien, wurde es still wie in einer Kirche. Sie schauten mich kurz an und dann flüsterten sie. Je mehr »Kollegen« um mich herum waren, umso deutlicher war ich allein.

Und wenn ein Schultag zu Ende war, ging ich wie alle zur Bushaltestelle. Niemand wollte mit mir auf der Straße gesehen werden. Ein Teil der Lehrer trödelte und hielt sich weit hinter mir. Und der andere Teil beeilte sich und lief weit vor mir her. Das geschah ohne Absprache in der Dressur der Angst.

Genauso schlimm wie die Bedrohung durch den Staat und seinen Geheimdienst war die Einsamkeit. Ich wurde von den anderen Lehrern gemieden. Ihre doppelte Angst isolierte mich. Sie hatten Angst vor dem Staat, und sie hatten Angst vor mir. Ich war eine Gefahr.

Ich war ja nur als Aushilfe in der Schule und wunderte mich: Am Ende des Schuljahres wollten mir mehrere Schüler aus verschiedenen Klassen Kaffeebohnen schenken. Es gab keinen Kaffee im Land. Ein Kilo kostete auf dem Schwarzmarkt viel mehr als ein Monatsgehalt. Ich wies den Kaffee zurück. Das sprach sich herum, und andere Lehrer stellten mich zur Rede und fragten mich, wieso ich mich für was Besseres halte. Sie rechneten mit diesem Kaffee, und ich machte ihnen das Geschäft kaputt, schlechte Zeugnisse durch Kaffeegeschenke zu verbessern.

In diesen und vielen anderen vergleichbaren Momenten musste ich begreifen, dass es nicht nur Angstmacher und Angstbeißer gab. Die sogenannten Kollegen in der Schule und davor die in der Fabrik – ja die Mehrzahl der Leute in diesem Land waren Angstträger. So wie sie gelernt hatten, ihre eigene Angst zu verwalten, hatten sie auch gelernt von der Angst der anderen zu profitieren. Sie machten aus der Not und dem Elend mal ahnungslos, mal schamlos das Beste. Sie selber glaubten, sie machen sich nur ein glattes Leben und keine Politik. Aber war doppelte Angst wirklich unpolitisch? Ich glaube nicht. Die Verwaltung der Angst war an und für sich vorauseilender Gehorsam.

Herta Müller

Das Wort »Individuum« war in der Diktatur ein Schimpfwort. Und nur wenn man verfolgt war, galt man als Individuum. Wegen »Nichtanpassung ans Kollektiv« wurde man sogar entlassen. Das Individuelle durfte es nicht geben, nicht einmal in der Kleidung der Leute. In allen Läden hing die Gleichheit der Hässlichkeit. Zwei, drei Modelle in jeder Saison, staubgraue Farben und viereckig und steif zugeschnitten. Und scheußliche, quietschende oder nach Chemiederivaten riechende Stoffe. Auf der Straße hat man das gleiche Kleidungsstück hunderte Male gesehen, weil man in den Läden nichts anderes fand. In meinem neu gekauften Kleid bin ich mir alle Tage danach auf der Straße ständig selbst begegnet. Und mir schien, dass sich unsere gleichen Kleider voreinander ein bisschen genieren und dass sie besser als wir selber wissen, wie hässlich sie aussehen. Die sozialistische Mode war wie eine Uniform. So hässlich waren auch die Möbel, die Häuser, die Parks, die Straßen. Die Diktatur war in allen Bereichen des Lebens die Austreibung jeder Schönheit. Schönheit ist eigensinnig und vielfältig.

Der Staat ließ Vielfalt nicht zu. Und die meisten Leute brauchten sie gar nicht, sie wollten unauffällig sein. Ihre verwaltete Angst brauchte Bevormundung. Und ich hatte sogar den Eindruck, dass man dafür dankbar war. Das eigene Vorhandensein auf der Welt wurde fast als ein Geschenk des Staates empfunden.

Wenn der Securist beim Verhör wütend wurde, schrie er:

»Was glaubst du, wer du bist?«

Ich sagte: »Ich bin ein Mensch wie Sie.«

Darauf sagte er: »Das glaubst du. Wir bestimmen, wer du bist.«

In solchen Situationen glaubte ich, dass dasselbe Wort immer nur in dem Augenblick, in dem es verwendet wird, dasselbe ist. Ich fragte mich, ob mir ein Wort überhaupt gehört, weil man jedes Wort umdrehen und gegen mich verwenden kann. Ich glaubte auch, dass es am besten wäre, wenn man Wörter nur im Kopf haben müsste und nicht im Mund. Und dass das Erlebte meist gar keine Zeit für Wörter hat. Außer beim Verhör, wo die Wörter kristallisieren. Unvermeidlich und schrecklich und manchmal für immer. Der Vernehmer sagte einmal, »wer sich sauber anzieht, kann nicht dreckig in den Himmel kommen«. Dieser Satz ist an und für sich sogar schön. Aber aus seinem Mund war das eine Morddrohung.

Wenn ich zum Verhör musste, zog ich meine schönste Bluse an, schminkte mich und nahm den hochroten Lippenstift. Das gab mir den Anschein von Mut. Es gab der Angst, die ich hatte, den Anschein von Mut, den ich nicht hatte. Stattdessen hatte ich in der Handtasche mein Zahnbürstchen für den Fall, dass ich vom Verhör nicht mehr nach Hause komme. Angst und Mut sind wahrscheinlich teilweise dasselbe. Bei mir war es nie gänzlich das Gegenteil. Wie oft wollte ich der Angst das Gedächtnis nehmen und mich so schnell wie möglich freuen. Aber es war dann nicht Freude, sondern nur Erleichterung, wenn ich nach Hause ging.

Es war die Last einer leeren Freiheit. Sie hatte kalte Augen und weiße Pfoten und hinterließ ihre Spur. Ich fragte mich, ist die Angst das Tier oder nur die Pfoten des Tiers, die auch ohne das Tier weiterlaufen. So wie ich weiterlief und die Überwachung weiterlief. Man sah immer und überall, was ich tat. Wie damals in der Kindheit im Dorf. Bis zum nächsten Verhör steckte ich in meiner leeren Freiheit, ich war ja nicht verhaftet. Eine leere Freiheit bedeutet, dass man auf Schritt und Tritt weiß, was Freiheit wäre, weil man sie nicht hat. Leere Freiheit tut weh und macht traurig.

Herta Müller

Ich sagte mir dann seltsame Sachen in den Kopf wie:

»Die Zeit ist ein Dorf, und die Angst hat das kürzeste Gesicht.«

Ich wusste nicht, was so ein Satz bedeuten soll, aber er klang nach Gewissheit und Selbstbeherrschung. Der Satz blieb mir im Kopf, ich nutzte ihn so oft, dass er das Seltsame verlor und ganz gewöhnlich klang. Ich brauchte das Gewöhnliche, es schonte uns.

Mir sagte es, dass ich mir mit der Last meiner leeren Freiheit selbst gehöre. Dass ich wahrscheinlich an diesem Staat, aber nicht an mir selbst verzweifeln muss.

3.

In den ersten Jahren nach der Diktatur hat man in Ostdeutschland wie in ganz Osteuropa noch gewusst, dass Freiheit konkret ist. Dass sie viel mehr bedeutet als der große sozialistische Schlendrian und die überwachte Entmündigung am sicheren Arbeitsplatz. Dass jeder Einzelne jetzt eine Rolle spielen darf, dass man ohne Angst denken und reden darf. Dass in den Zeitungen nicht nur Propaganda steht. Dass endlich die Grenzen offen sind, dass man reisen kann. Man hat sich gefreut, dass die Straßen repariert werden und die Schaufenster grell sind.

Aber mit all den Freiheiten kam auch die Verantwortung, und um die eigene Verantwortung herum schleicht auch das eigene Risiko. Diese Mischung macht nervös, und man will sich wieder anlehnen. Das Bedürfnis nach Bevormundung stellt sich – wie in ganz Osteuropa – auch in Ostdeutschland wieder ein. Es ist wie ein Rückfall, mit dem niemand gerechnet hat. Weder Westeuropa noch die Osteuropäer selbst. Die Hinterlassenschaften der Diktatur sind ein Bündel von Abhängigkeiten.

Die neue Freiheit hat diese Abhängigkeiten offenbar nur zugedeckt, sie waren nie verschwunden. Die Diktatur ist vorbei, aber die sozialen Synapsen melden sich wieder und machen nicht nur die osteuropäischen Länder mit ihren jungen Demokratien labil, sondern auch die Demokratie bei uns.

4.

Die Freiheit – hat der große polnische Regisseur *Andrzej Wajda* einmal gesagt – ist etwas, das manche brauchen und andere nicht. Die Angstträger von früher brauchten sie damals nicht, und heute sind sie die Unterstützer der neuen Angstmacher.

Der größte Angstmacher von heute war früher ein kleiner Angstmacher. In Putins Russland gibt es keine freien Medien mehr, die politische Opposition ist in Lagern inhaftiert. Oder wird ermordet. Und wenn der Mord nicht gelingt, kommen sie ins Lager, weil sie noch leben.

Den Namen *Nawalny* spricht *Putin* nie aus. Nicht mal wenn er dazu aufgefordert wird. *Putin* sagt dann »Er«. Ich erinnere mich, dass in der *Ceauşescu*-Zeit bei keinem einzigen Verhör der Name *Ceauşescu* vom Vernehmer ausgesprochen wurde. Selbst wenn es sein musste, weil er mir die Beleidigung *Ceauşescus* vorwarf, sagte der Vernehmer nur »Er«.

Es scheint so, als wäre das Nichtnennen des Namens ein Aberglaube, eine bäuerliche Furcht vor Namenszauber. Denn alle Machthaber und Funktionäre der Diktaturen waren Parvenüs mit Parteibuch – sie blieben Bauern mit riesigen polierten Schreibtischen. Übrigens nannten auch die krassesten politischen Witze in der Diktatur den Diktator nicht beim Namen. Man sagte nur »Er«, und jeder wusste, dass »Er« das ist.

Putins Russland ist groß wie ein Kontinent und klein wie ein Dorf. Die Fläche macht es so groß, und die Überwachung macht es so klein. Unter Putin ist Russland außerdem zu einer Fälscherwerkstatt verkommen. Das Handwerkszeug des KGB – das Fälschen und Erpressen – ist heute seine Außenpolitik. Mit Krieg und Desinformation will er die westlichen Demokratien destabilisieren. Und wenn schon mehr als ein Viertel der Deutschen glauben, wir leben nicht mehr in einer Demokratie, hat er damit Erfolg. Die Populisten aller Länder laufen ihm nach. Ich staune immer wieder – sogar ein deutscher Ex-Bundeskanzler.

Den Marxismus hat *Putin* abgelegt. Er gibt sich jetzt religiös. Er bringt auf der Welt dauernd Leute um und zündet in Moskau gerne Kerzen an. Er hat einen Beichtvater und man sieht ihn kaum noch ohne den Patriarchen *Kyrill*. Sein Kirchenfürst hält die Menschenrechte für »ketzerischen Götzendienst«. Wahres Christentum bedeutet für ihn »freiwillige Selbstversklavung«. Und *Putins* Beichtvater bewundert bis heute *Lenin*, der aus den Russen »Rädchen und Schräubchen« einer Staatsmaschine machen wollte. Er sagt: »Ein Knecht Gottes geht nicht wählen, sondern nimmt demutsvoll sein Los an.«

5.

Als Knecht möchte ich nie wieder leben. Auch nicht ohne Wahlen. Nach 1989 konnte ich mir nicht mal im Traum vorstellen, dass die Demokratie wieder in Frage gestellt werden könnte. Und dass es wieder Angstmacher geben wird, die mich zum Angstbeißer machen wollen. Ja, die Freiheit ist etwas, das manche brauchen und andere nicht. Und sie ist etwas, wovor manche Angst haben und andere nicht. Die Freiheit in unserer Demokratie dürfen wir nicht als selbstverständlich betrachten. Sie könnte uns sonst allmählich abhandenkommen.

Herta Müller

Jean Asselborn

Demokratie als sittliches Projekt

Warum wir für ein demokratisches Europa kämpfen müssen

Wenn ein Luxemburger über Europa spricht, dann kann er auf lange historische Verbindungen verweisen: Im Römischen Reich von Wandermönchen begründet, im Fränkischen Reich als Grafschaft etabliert, im Heiligen Römischen Reich zum Herzogtum erhoben, im Deutschen Bund auf dem Wiener Kongress zum Großherzogtum geadelt, Luxemburg als Gründungsmitglied der Europäischen Union – kurz: Das kleine Luxemburg war immer mittendrin.

Auch mit der Stadt Münster, dem Ort unseres Nachdenkens, sowie dem Land Nordrhein-Westfalen haben wir eine enge Beziehung, die im gemeinsamen Eintreten für ein geeintes demokratisches Europa ihren Ausdruck findet. Dieses demokratische Ideal entspringt einer eng miteinander verflochtenen europäischen Geschichte und spannt einen historischen Bogen über mehrere Jahrhunderte.

Als Gründungsmitglied der Europäischen Union tritt Luxemburg von Anfang an für ein solidarisches Europa ein, das den Grundsatz *Aristoteles'* verinnerlicht hat: »Das Ganze ist mehr als die Summe seiner Teile.« So ist die Geschichte der EU auch ohne das Mitwirken Nordrhein-Westfalens nicht denkbar. Das Projekt der Montanunion gelang durch die besondere Stellung der Ruhrmetropole mit ihrer Schwerindustrie. Diese wurde zum Vorbild der sich anbahnenden Europäischen Wirtschaftsgemeinschaft, die wiederum in die heutige EU mündete.

Erlauben Sie mir historisch noch etwas weiter auszuholen, bis zum Westfälischen Frieden, der ja 1648 hier in Münster unterzeichnet wurde. Er beendete den Dreißigjährigen Krieg und schuf den Rahmen für die modernen internationalen Beziehungen. Die Konzepte der staatlichen Souveränität, der Mediation zwischen den Nationen und der Diplomatie haben alle ihren Ursprung im Text dieses vor mehr als dreihundertfünfzig Jahren verfassten Vertrags. Dieser Frieden war einer der ersten Versuche, ein internationales Rechtssystem zu schaffen, und bildete im Wesentlichen eine der ersten Grundlagen für internationale Gemeinschaften wie die Europäische Union oder die Vereinten Nationen.

Was ist nun Demokratie oder was verstehen wir heute darunter? In der Demokratie, also wörtlich der »Volksherrschaft«, wird der Mehrheitswille durch demokratische Wahlen bestimmt und legitimiert und dann durch Volksvertreterinnen und Volksvertreter umgesetzt. Dies entspricht der repräsentativen Demokratie, wie wir sie in den EU-Mitgliedsstaaten wiederfinden.

Kann Demokratie im postfaktischen Zeitalter überleben?

Diese Staatsform ist nicht immun gegen Kritik. Wenn aber manche von »Demokratiemüdigkeit« sprechen, heißt es wachsam zu sein. Es gibt Stimmen, die uns glauben machen wollen, dass autoritär geführte Staaten, Herausforderungen wie Corona, Krieg und Klima besser meistern können. Kann eine Demokratie im »postfaktischen« Zeitalter überleben? Sind die digitalen Arenen von Twitter und Instagram unser neues Parlament? *Trump,* oder besser die Erfahrung *Trump,* hat uns gezeigt wie schnell eine Demokratie ins Wanken geraten kann, wenn die Wahrheit zur Unkenntlichkeit verbogen wird und die sozialen Medien als Instrument dazu eingesetzt werden.

Demokratie heißt auch, ungefiltert auf negative Prozesse zu schauen und sich um der Humanität willen einzubringen.

Lehren aus Afghanistan

Die Ereignisse des Jahres 2021 in Afghanistan sprechen Bände. Wir müssen uns fragen, was wir Demokraten aller Couleur über die letzten 20 Jahre hätten besser machen können, ja: machen müssen. Und es war auch das Jahr 2021, in dem sich 9/11 zum zwanzigsten Mal gejährt hat.

Wir haben, nach dem Petersberger/Bonner Abkommen von Dezember 2001 und der einstimmig angenommenen UNO-Resolution im Weltsicherheitsrat desselben Monats, 20 Jahre lang am Aufbau eines modernen Afghanistans gearbeitet, den Terror bekämpft, mit vielen Tausend Opfern – jungen Menschen aus den USA und Europa –, parallel Sicherheitskräfte trainiert und aufgebaut (»Afghan Ownership«), die Beziehungen zur Zivilgesellschaft, besonders zu Frauen in Afghanistan gefördert und daran geglaubt, dass die Zukunft Afghanistans, das sich 2004 eine moderne Verfassung gegeben hatte, demokratisch sein könnte. In der Tat heißt es in Artikel 22 dieser Verfassung, dass es keine Diskriminierung von Frauen geben darf. Seit dem Fall Kabuls an die Taliban sehen wir, wie ein großer Teil unserer gemeinsamen Arbeit im Land in Rauch aufgeht, wir sehen die schrecklichen Bilder des Terrors am Flughafen Kabul mit mehr als hundert Toten, und wir erhalten dramatische Hilferufe von Tausenden Afghanen, die ihres Lebens unter den Taliban nicht mehr sicher sind. Europa muss hier seine Rolle übernehmen, muss humanitäre Hilfe leisten. Und es muss auch alles getan werden, damit die Europäische Union wieder in Kabul präsent ist.

Die bohrende Frage lautet: Was ist falsch gelaufen beim Nation Building? Ist der Aufbau einer demokratischen Struktur überhaupt möglich in einer Gesellschaft, die total anders tickt als die unsrigen? Waren wir zu ungeduldig? Haben wir zu schnell aufgegeben?

Aber was ist die Alternative?

Wegschauen, wenn Frauen und Mädchen wie Haustiere behandelt werden?

Wegschauen, wenn ein Land zum Übungsfeld für Terroristen wird?

Wegschauen, wenn die Hälfte der Bevölkerung ohne internationale Hilfe nicht überleben kann?

Fragen, die klar nicht mit Ja zu beantworten sind. Aber was ist der richtige Weg? Hier steht die europäische Außenpolitik vor einer sehr großen Herausforderung.

Die Debatte um die Aufnahme von Menschen aus Afghanistan spiegelt in meinen Augen wider, wie politisch verzerrt das Prinzip der Menschlichkeit innerhalb der EU geworden ist. Müs-

Jean Asselborn

sen wir nicht Frauen, Mädchen, Richterinnen, die im Namen der Justiz Taliban verurteilt haben, Journalisten, Menschenrechtsverteidiger und viele andere Menschen, die auf ein Leben in Freiheit, auf ein Überleben unter den Taliban keine Chance haben, unsere Tür öffnen? Persönlich hatte ich gewagt zu hoffen, dass, wenn das Vereinigte Königreich und Kanada jeweils 20 000 gefährdete Menschen aufnehmen, die Zahl von 40 000 für uns als EU, mit insgesamt 450 Millionen Einwohnern, realistisch erscheinen würde. Aber konkrete Aufnahmezahlen scheinen im EU-Kontext tabu zu sein. Ich bleibe aber davon überzeugt, dass viele EU-Länder sich individuell bereit erklären werden, in diesem Sinne zu helfen.

Bei den Treffen der Außenminister haben verschiedene EU-Kollegen es fertiggebracht, angeführt von Ungarn und sekundiert von Österreich, in den Schlussfolgerungen eine Referenz auf eine Resolution des UN-Sicherheitsrates in Frage zu stellen, in der ein Fluchtgrund (»who are in need«) auch jenen zugesprochen wird, die verfolgt werden, weil sie dem Demokratieaufbau, auch im europäischen Auftrag, in ihrem Land gedient haben. Das ist für mich schwer zu verdauen.

Wie sollen wir als Westen mit den neuen de facto Machthabern in Kabul umgehen? Als Europäische Union stellen wir klare Forderungen an die Taliban. Der Respekt der Menschenrechte und der Grundwerte sowie der demokratischen Prinzipien gehören selbstverständlich zu diesen Forderungen. Man muss die Taliban nach ihren Taten bewerten, nicht nach ihren Worten – frühe Ankündigungen haben moderat geklungen, doch die Wirklichkeit vor Ort sieht weiterhin düster aus. Wir werden mit den Taliban reden müssen, um praktische Probleme zu lösen, wenn es darum geht, schutzbedürftige Menschen außer Landes zu bringen, und damit humanitäre Hilfe weiter ins Land fließen kann.

Afghanistan steht wirtschaftlich und finanziell kurz vor dem Kollaps, eine humanitäre Katastrophe muss unbedingt verhindert werden. Ein solcher Dialog, quasi auf technischer Ebene, ist selbstverständlich keine Anerkennung der Taliban als legitime Vertreter des Staates Afghanistan.

Wir müssen auch unbedingt mit den Ländern rund um Afghanistan zusammenarbeiten. Viele von ihnen beherbergen Hunderttausende Afghanen, und benötigen Hilfe, um weitere Menschen in Würde aufnehmen zu können. Es ist zu hoffen, dass die Nachbarländer mitarbeiten werden – auch Russland und China, die wie wir an Stabilität in Afghanistan interessiert sind, damit Afghanistan kein Schwarzes Loch für Terrorismus, Drogenhandel und Verbrechen an Frauen und Mädchen wird.

Die Bevölkerung Afghanistans ist sehr jung, der Altersmedian liegt bei 18,4 Jahren. Viele junge Afghanen haben also das Terrorregime der Taliban zwischen 1996 und 2001 nicht miterlebt oder können sich kaum daran erinnern. Die Afghanen, und vor allem die Afghaninnen, haben in den vergangenen 20 Jahren viel Selbstbewusstsein entwickelt. Wir müssen alles tun, um diesen Menschen Mut zu geben, ihr Land von innen zu verändern, so schwer dies auch momentan aussehen mag. Auch die Diaspora, die vielen Richter, Lehrer, Journalisten, Menschenrechtsaktivisten, die jetzt außerhalb Afghanistans leben, werden eine Rolle zu spielen haben, damit die Demokratie in Afghanistan nicht vollständig erlischt.

In der EU: Demokratie ist gefährdet!

Die Demokratie in Afghanistan ist in größter Gefahr – aber ist sie in der Europäischen Union in Beton gegossen? Ist die demokratische Staatsform die am besten geeignete für die Bewältigung

Jean Asselborn

der Herausforderungen unserer Zeit? Haben autoritär geführte Staaten die Coronapandemie bisher nicht besser bewältigt? Können gesättigte Demokratien Reformen, die viele Entbehrungen erfordern, überhaupt umsetzen, oder riskieren sie, den Willen des Souveräns, also des Volkes, zu vergrämen? Fragen, die eine klare Antwort brauchen.

Es darf in der EU kein Abdriften vom demokratischen Prozess geben, Illiberalismus à la *Orbán* und Co ist Gift für unsere freiheitliche Ordnung. Illiberalismus mündet nicht in eine liberalere, gefestigtere Demokratie, sondern in der Diktatur, in der Autokratie.

Die Demokratie fußt auf Vertrauen, auf Grundrechten, Prinzipien und Werten. Vertrauen in die EU geht nur, wenn wir für unsere Werte einstehen und dafür kämpfen. Es dürfen keine Zweifel an der Rechtsstaatlichkeit, dem Respekt vor gemeinsamen Werten, vor Grundrechten und vor der Pressefreiheit in der EU aufkommen.

Leider muss man feststellen, dass diese Werte und Normen, so wie sie in Artikel 2 des Vertrags zur Europäischen Union festgelegt sind, seit einiger Zeit nicht mehr vollumfänglich von allen Mitgliedstaaten respektiert werden. Wir erleben deutliche Rückschritte in Sachen Rechtsstaat vor allem in Polen und in Ungarn. Dies belegen die Einschätzungen der Europäischen Kommission, des Europäischen Parlaments, des Europarats in Straßburg und auch mehrere Entscheidungen des Europäischen Gerichtshofs.

Es ist absolut richtig, dass die Kommission sich dazu entschieden hat, den EuGH anzurufen, damit finanzielle Sanktionen erzwungen werden, weil die polnische Disziplinarkammer ihre demokratiezerstörende Tätigkeit weiterführt trotz eines vorliegenden Entscheids vom 14. Juli 2021 der obersten europäischen Gerichtsinstanz.

In Polen erleben wir parallel hierzu auch eine Infragestellung der richterlichen Unabhängigkeit und mittlerweile sogar das Anzweifeln des Vorrangs von EU-Recht gegenüber nationalem Recht – ein Prinzip, das eigentlich schon vor fünfzig Jahren vom EuGH geklärt wurde. Etliche Justizreformen, Richterernennungen, Ruhestandsregelungen und Disziplinarregelungen haben die Rechtsstaatlichkeit zu einem großen Teil untergraben.

Seit Ende 2015 wurden von Polens konservativer Partei PIS in diesem Land Schritt für Schritt, Meter für Meter, die Unabhängigkeit der Justiz und die Freiheit der öffentlichen Medien geknebelt, unter Kontrolle gebracht, mit dem Ziel, die demokratischen Gegengewichte zu eliminieren und die eigene Macht, der Macht wegen, zu festigen.

Wie lange schaut die EU hier noch zu? Eine Frage, deren Antwort nicht noch zehn Jahre herausgezögert werden darf. Es geht hier um das Überleben der europäischen Demokratie!

Die Entscheidung des polnischen Verfassungsgerichts, dass Teile der EU-Verträge, auf deren Basis der Gerichtshof seine einstweiligen Verfügungen erlässt, der eigenen Verfassung widersprächen, ist ein harter Schlag. Wir sind – denke ich – an einem Punkt angekommen, wo das systematische Aushöhlen des Rechtssystems massive Auswirkungen auf das Funktionieren unserer Europäischen Union zur Folge hat.

Ein polnischer Richter ist auch ein europäischer Richter. Seit 58 Jahren (s. der berühmte Fall bei van Gend & Loos von 1963) ist geklärt, dass EU-Recht prinzipiell Vorrang hat gegenüber

Jean Asselborn

nationalem Recht. Hier geht es nicht mehr um Interpretationsdivergenzen, sondern um Grundprinzipien des Rechts, welches unsere Union und unseren Binnenmarkt funktionieren lässt.

Ich wage zu hoffen, dass auch das größte und stärkste Land der EU hiervon nicht abzuweichen gedenkt, weder in Berlin noch in Karlsruhe.

Auch in Ungarn sind wir Zeuge eines systematischen Aushöhlens der Zivilgesellschaft, der akademischen Freiheit, der Pressefreiheit, der Rechte von Migranten und Minderheiten, ein Prozess, der 2010 begonnen hat.

Gleichheit und Nichtdiskriminierung gehören zu den zentralen Grundsätzen der EU. Im Zuge der letzten Jahrzehnte haben legislative Entwicklungen das Leben vieler Menschen verbessert und dazu beigetragen, gerechtere Gesellschaften mit größerer Akzeptanz aufzubauen.

Was können wir darüber hinaus tun, um demokratische Grundrechte in der EU zu stärken? Auf EU-Ebene haben wir neue Strukturen geschaffen, um den Rechtsstaat besser schützen zu können. Als vorbeugende Maßnahme untersucht die Kommission nun in einem neuen jährlichen Bericht die Rechtsstaatlichkeit in allen Mitgliedstaaten, um Probleme früh erkennen und ansprechen zu können.

Darüber hinaus wurde für das EU-Budget 2021–2027 ein neuer Rechtsstaatsmechanismus eingeführt, der die Vergabe von EU-Geldern blockieren kann, wenn bei deren Ausschüttung dementsprechende Risiken bestehen. Der EuGH soll noch dieses Jahr über diesen neuen Mechanismus entscheiden, und ich hoffe sehr, dass er bald zum Einsatz kommt.

Es darf kein Zweifel aufkommen an unserer Entschlossenheit, diese Werte zu verteidigen. Es ist das Fundament der EU, der Kitt, der die EU im Innersten zusammenhält. Hier darf es keine Zugeständnisse geben.

Die Europäische Union: Freunde und Feinde

Trotz der widrigen Umstände der vergangenen Jahre haben sich die Stimmen der Bürger jedoch nicht gegen die Union gewandt: Die meisten Europäer haben eine positive Einstellung zur Union. Das Vertrauen der Bürger in die Union und ihr Ansehen sind auf dem höchsten Stand seit zehn Jahren. Das belegt die letzte Eurobarometer-Studie: 49 % der Befragten vertrauen der EU, und dieser Prozentsatz ist seit Sommer 2020 sogar um 6 % gestiegen.

Doch der europäische Demokratiegedanke wird weiterhin von Populisten angefochten. Durch extreme Vereinfachung, Schwarz-Weiß-Malerei und Denken in Gegensätzen kann der Populismus die politische Debatte dermaßen polarisieren, dass der notwendige Meinungsaustausch innerhalb der Demokratie nicht mehr möglich ist.

Demokratie und Populismus passen nicht zusammen! Populisten schüren gegenüber ihrer Anhängerschaft Misstrauen in demokratische Institutionen wie Regierungen und Parlamente und behaupten, diese seien von der »Elite« beherrscht und handelten gegen den Willen des von ihnen erdachten »wahren Volkes«. Selbstverständlich ist in einer Demokratie berechtigte und sachliche Kritik an den Institutionen und Prozessen nicht nur erlaubt, sondern auch notwendig und erwünscht. Doch den demokratischen Prozess grundsätzlich in Frage zu stellen

Jean Asselborn

und mittels Verschwörungserzählungen zu unterwandern, ist brandgefährlich.

Dass Populismus ein langsam wirkendes Gift ist, haben wir am Beispiel des Brexits gesehen. Seit dem Eintritt Großbritanniens in die Europäische Gemeinschaft am 1. Januar 1973 schürten Gegner der EU-Mitgliedschaft das Misstrauen der Briten gegenüber der EU.

Nach 47 Jahren EU-Mitgliedschaft und insgesamt sehr langwierigen Verhandlungen hat am 31. Januar 2020 mit dem Vereinigten Königreich ein Mitgliedsstaat die EU verlassen – zum ersten Mal in der Geschichte Europas. Wir haben diese demokratische Entscheidung zu respektieren. Ausgehend von einer inneren Parteifehde der britischen Konservativen um Europa stellt der Entschluss jedoch eine folgeschwere Entscheidung dar, deren weitreichenden politischen und wirtschaftlichen Konsequenzen die Bürger und Betriebe in Großbritannien noch lange begleiten werden. Es wurde mit Halbwahrheiten und Falschinformationen gearbeitet, um die EU zu diskreditieren, und dies wird vielen britischen Bürgern jetzt bewusst, jetzt wo der Austritt vollzogen ist.

Das Brexit-Beispiel gilt nicht nur sinnstiftend als ein Warnzeichen des sich anhäufenden Populismus, sondern wirft auch die entscheidende Frage auf: »Wie sollen Demokratien mit Populismus umgehen?«

Rezepte gegen den Populismus

Wir müssen vor allem dafür sorgen, dass das demokratische Modell noch attraktiver wird und als wahres besseres politisches

Gegenangebot zum Populismus den Vertrauensverlust wieder wettmacht, den die Krisen der vergangenen Jahre uns gekostet haben. Ich sehe hier vor allem die Merkmale des Rechtsstaatsprinzips, der Achtung der Menschenrechte und der Grundrechte, des Pluralismus und der Medienfreiheit als Hauptansatzpunkte. Entscheidend aber ist die Feststellung, dass der Frieden in Europa, auch im 21. Jahrhundert, nicht durch Verträge zementiert werden kann, sondern durch die Art und Weise, in der wir die Werte der europäischen Demokratie leben.

Gleichzeitig müssen wir die Widerstandsfähigkeit der Demokratien in der gesamten EU stärken. Hierzu hat die Europäische Kommission Ende 2020 einen *Europäischen Aktionsplan für Demokratie* vorgelegt. Dieser Plan sieht Maßnahmen zur Förderung freier und fairer Wahlen, zur Stärkung der Medienfreiheit und zur Bekämpfung von Desinformation vor.

Schließlich wird die Kommission die Bemühungen um eine Überarbeitung des bestehenden Verhaltenskodex zur Bekämpfung von Desinformation lenken, mit dem die Anforderungen an Onlineplattformen verschärft und strenge Überwachungs- und Aufsichtsvorschriften eingeführt werden sollen.

Das Europäische Parlament – ein Demokratie-Garant

Der Begriff »Demokratie« ist eng mit dem Prinzip der Volkssouveränität verbunden. Dies gilt auch auf EU-Ebene, auf der alle fünf Jahre eine demokratische Großübung stattfindet – die Europawahlen. Das Europäische Parlament (EP) ist das einzige direkt gewählte supranationale Parlament der Welt. Es ist in dieser Hinsicht die Volksvertretung der EU oder richtiger: die »Kammer der Unionsbürgerinnen und -bürger«. Durch seine Arbeit betont das EP seine Bürgernähe und versteht sich als »Demokratie in Aktion«.

Die Mitwirkungsrechte des EP wurden im Laufe der Jahre immer weiter ausgebaut und zuletzt durch den Vertrag von Lissabon stark erweitert. Möglicherweise ist vielen Bürgerinnen und Bürgern noch immer weitgehend unbekannt, wie wichtig das EP als demokratisches Organ und gesetzgebende Institution der EU geworden ist, und zwar durch seine in vielen Politikfeldern erkämpften Mitentscheidungsrechte. Das EP ist in der Tat ein Angelpunkt europäischer Politik, dessen Einfluss sich federführend in der nationalen Gesetzgebung der EU-Mitgliedsstaaten widerspiegelt.

Natürlich ist man sich heute in den Organen der EU, vor allem auch im Parlament, zweier zentraler Problematiken der bisherigen EU-Politik stärker bewusst als früher, nämlich der Bedeutung von Transparenz und Bürgernähe. In diesem Sinn hat man durch eine Reihe von Maßnahmen die direkten Anhörungs- und Beschwerdemöglichkeiten der Bürger gestärkt, etwa durch Bürgerdialoge, das Transparenzregister, das Petitionsrecht und die Möglichkeit zur Beschwerde bei dem vom EP gewählten EU-Bürgerbeauftragten.

Die Zukunft Europas mitgestalten

An diesen Prozess anknüpfend wurde am 9. Mai 2021 die *Konferenz zur Zukunft Europas* eröffnet. Sie bildet in dieser Hinsicht eine einzigartige Gelegenheit, um Denkanstöße über die Zukunft unserer Europäischen Union zu liefern. Der Anspruch dieser Konferenz ist es, zur Stärkung der demokratischen Legitimität der EU beizutragen.

Insbesondere der Jugend sollten wir in diesem Prozess Gehör schenken – ihnen gehört schließlich die Zukunft Europas.

Das Motto der Konferenz lautet: »Die Zukunft liegt in Ihren Händen.« Ich kann die Bürger demnach nur ermutigen, sich in diesen Prozess einzubringen. Jede Meinung ist wichtig. Wenn man Kritik an der EU zu üben hat – und manche mag durchaus berechtigt sein –, dann soll man sie auch vorbringen und aktiv daran mitarbeiten, unsere gemeinsame Union zu verbessern. Dies ist nicht nur das Recht eines jeden Bürgers in einer Demokratie, nein, es ist in gewissem Sinne auch seine Pflicht, es gehört einfach zur Demokratie dazu. Mein Hauptanliegen bei dieser Konferenz liegt also darin, den Bürgern zuzuhören. Als Minister für europäische und auswärtige Angelegenheiten möchte ich die Meinung der Bürger Europas zu den Lehren hören, die aus der Covid-19-Krise zu ziehen sind, insbesondere im Hinblick auf den Schengenraum und die Freizügigkeit.

Jedoch will ich keine falschen Hoffnungen schüren für diese *Konferenz zur Zukunft Europas*. Ich glaube nicht, dass wir in der derzeitigen Lage innerhalb der EU größere institutionelle Sprünge planen können. Dies ist vermutlich auch nicht im Sinne der Bürger. Mein Eindruck ist, dass wir uns mehr Gedanken über die alltägliche Lage der Bürger machen müssen, und konkret über Wirtschaft, Arbeit, Klima und Soziales reden sollten, anstatt über Entscheidungsgremien und deren Personalfragen. Diese Erkenntnis vermisse ich etwas in den derzeitigen Diskussionen um die Zukunft Europas.

Die EU wird weltweit um ihre Errungenschaften beneidet, doch hierfür müssen wir auch innerhalb der EU kohärent bleiben. Unser Demokratieverständnis muss täglich gepflegt werden, und wir müssen uns immer wieder aufs Neue vor Augen füh-

Jean Asselborn

ren, dass die Vorzüge unserer europäischen Demokratie keine Selbstverständlichkeit sind. Die Rechte wurden erkämpft, und es gilt sie zu bewahren. Wir haben uns zu lange darauf verlassen, dass der westliche Wohlstand, der durch Pluralismus und Demokratie gekennzeichnet ist, ein derart attraktives Vorzeigemodell darstellt, dass andere nicht-demokratische Staaten ihrer Anziehungskraft nicht widerstehen könnten und früher oder später sich zu unserem liberalen sozialen Modell bekennen würden.

Dies ist nicht unbedingt der Fall. Zwar lebt heute mehr als die Hälfte der Weltbevölkerung (4 Mrd. Menschen) formal in einer Demokratie; und von denen, die noch in Autokratien leben, sind vier Fünftel Chinesen. Jedoch müssen wir uns im Klaren sein, dass sich auch Gegenmodelle der Demokratie beharrlich halten und sogar expandieren. Die Demokratie ist keine Selbstverständlichkeit, und als Exportprodukt taugt sie nur bedingt.

Die Coronapandemie hat auch hier in Europa unser demokratisches, europäisches Weltbild stark strapaziert. Haben wir den EU-Besitzstand lange als Selbstverständlichkeit verstanden, so hat uns die Krise das Gegenteil gelehrt. Plötzlich waren die Grenzen wieder da, und die in jahrzehntelanger mühseliger Kleinarbeit aufgebaute Personenfreizügigkeit in Europa war de facto abgeschafft. In Luxemburg haben wir die Auswirkungen der Grenzschließungen vielleicht dramatischer gespürt als anderswo, da wir in einer der am meisten vernetzten Regionen Europas leben, in welcher Grenzenüberschreiten zum Alltag gehört.

Alle Grenzregionen in Europa haben gelitten an den Panikreaktionen ab März 2020, an Reflexen, die weder dem europäischen Geist noch der europäischen Rechtslage entsprachen. Bürger haben ihre demokratischen Rechte eingefordert. 30 % der Unionsbürger, was in etwa 150 Millionen Menschen entspricht, leben in Grenzgebieten. Münster zähle ich auch dazu – es sind schließlich weniger als 100 Kilometer zur niederländischen Grenze, knapp 250 Kilometer nach Lüttich und weniger als 400 nach Luxemburg. So nah, aber trotzdem seit Beginn der Krise so entfernt.

Die grenzüberschreitenden Gemeinschaften der Union haben sich in den Jahrzehnten der offenen Grenzen in der EU entwickelt. In einigen Fällen wurde die Existenz dieser Gemeinschaften durch den EU-Besitzstand überhaupt erst ermöglicht. Sie sind eine Verkörperung der vielen Erfolge der europäischen Integration.

In Zukunft gilt es demnach sicherzustellen, dass die Verletzlichkeit der Grenzgemeinschaften bei unseren Entscheidungen auf europäischer Ebene, aber vor allem in unseren jeweiligen Hauptstädten, besser berücksichtigt wird.

Wir müssen es fertigbringen, die vier demokratischen Grundfreiheiten des europäischen Binnenmarktes (freier Verkehr von Waren, Personen, Dienstleistungen und Kapital) besser zu schützen und weiter auszubauen, um in der Welt des 21. Jahrhunderts bestehen zu können.

Die Bewältigung dieser inneren Krisen – die des Rechtsstaats und der Freizügigkeit innerhalb der EU infolge der Coronapandemie – hat Europa also bisher noch nicht vollbracht.

Die EU ist eine Union ihrer Bürger!

Doch hat uns die Pandemie auch enger aneinandergeschweißt. Vielen ist klargeworden, dass man Krisen solchen Ausmaßes nicht allein meistern kann. Und sie haben gespürt, wie wichtig europäische Solidarität ist. Von Anfang an haben wir auf EU-Ebene eine gemeinsame Impfstrategie verfolgt, um sicherzustellen, dass der Zugang zu den Impfstoffen gerecht unter den Mitgliedsstaaten verteilt wurde. Auch das ist Demokratie! Ich mag mir gar nicht ausmalen, was es bedeutet hätte, wenn wir dem Impfnationalismus verfallen wären. Was das für unseren Binnenmarkt bedeutet hätte und für die Einheit Europas! Das erklärte Ziel war es, bis Juli 2021 70 % der Erwachsenen in der Europäischen Union durch mindestens eine Impfung zu schützen. Dieses Ziel haben wir Ende Juli erreicht, allen Unkenrufen zum Trotz.

Doch die Impfkampagne ist nur eine der Maßnahmen, die es uns ermöglichen werden, gestärkt aus dieser Krise hervorzugehen. Im Zusammenhang mit dem langfristigen EU-Haushalt zielt das neue *NextGenerationEU*-Aufbauinstrument darauf ab, die unmittelbar coronabedingten Schäden für Wirtschaft und Gesellschaft abzufedern. Das Herzstück von *NextGenerationEU* ist die Aufbau- und Resilienzfazilität, dotiert mit 750 Milliarden Euro, die es Europa ermöglichen wird, nach Corona umweltfreundlicher, digitaler und krisenfester zu sein, um aktuellen wie künftigen Herausforderungen besser standzuhalten. Dass wir es in kürzester Zeit geschafft haben, ein solches Kriseninstrument aufzustellen, zeigt, dass Europa auch in schwierigen Zeiten durch Solidarität und rasches Handeln vorankommt.

Der langfristige EU-Haushalt für 2021-2027 umfasst zusammen mit dem Aufbauinstrument *NextGenerationEU* mehr als 2 Billionen Euro. Mehr als 50 % des Gesamtumfangs werden die Modernisierung der EU unterstützen, 30 % werden dem Kampf gegen den Klimawandel verschrieben, und 20 % sind für den digitalen Wandel vorgesehen. Das neue EU-Budget ist damit ein Grundpfeiler der innereuropäischen Solidarität – es wird verbesserte Gesundheitsdienste in der EU finanzieren,

Investitionen in kleine Unternehmen unterstützen und zur Verringerung der Ungleichheit in und zwischen europäischen Regionen beitragen.

Unsere Demokratien werden sich auch an der Bewältigung der Klimakrise messen lassen müssen. Spätestens mit den dramatischen Überschwemmungen, die uns diesen Sommer heimgesucht haben, ist jedem die akute und konkrete Gefahr des Klimawandels klargeworden. Wie so oft konnten wir uns auch in dieser schwierigen Situation grenzüberschreitend beistehen. Jedoch brauchen wir schnellstens ein Umdenken in Sachen Klimawandel, und ich bin froh, dass die EU hier eine Vorreiterrolle spielt. Mit dem europäischen Grünen Deal sollen die Netto-Treibhausgasemissionen bis 2030 um mindestens 55 % gegenüber dem Stand von 1990 gesenkt werden. Diese Verringerung der Emissionen im kommenden Jahrzehnt ist ein entscheidender Schritt auf dem Weg Europas, bis 2050 zum ersten klimaneutralen Kontinent der Welt zu werden. Somit soll der europäische Grüne Deal – »Fit für 55« – entscheidend dazu beitragen, aus der Coronakrise gestärkt hervorzukommen.

Die schweigende Mehrheit hören!

Bei der letzten Bundestagswahl lag die Wahlbeteiligung in Deutschland bei 76,2 %. Das war eine Verbesserung im Vergleich zu 2013 (71,5 %), aber noch weit unter dem Standard der 70er Jahre mit um die 90 %. In Luxemburg herrscht Wahlpflicht, was mir ein guter Weg scheint, um sicherzustellen, dass Bürgerinnen und Bürger ihre Rechte ausüben und sich am öffentlichen Leben beteiligen. Wir sollten nicht zulassen, dass es eine schweigende Mehrheit gibt, deren Meinungen nicht gehört werden und deren Bedenken kein Gehör finden.

An dieser Stelle will ich den Kreis schließen, in dem ich die oben ausgeführten Konzepte zusammenführe. Eine gesunde Demokratie kann nur da gedeihen, wo sie von den Mitbürgerinnen und Mitbürgern getragen und genährt wird. Hier werden wir alle in die Verantwortung genommen, um durch unsere demokratischen Institutionen unseren Anliegen Gehör zu verschaffen und so unsere Gesellschaft mitzugestalten.

Die Demokratie ist nicht unbedingt das Ende der Geschichte. Wir haben feststellen müssen, dass sie trotz aller Erfolge sehr fragil ist und dass es auch in gefestigten Demokratien Rückschritte geben kann. Wir brauchen neue Ansätze, um den Gegnern der Demokratie entgegentreten zu können, und wir müssen unsere Gesellschaften besser auf die komplexen Krisen des 21. Jahrhunderts vorbereiten.

Willy Brandt bemerkte einst: »Die Demokratie ist keine Frage der Zweckmäßigkeit, sondern der Sittlichkeit.« Dies stimmt heute nach wie vor – und doch müssen wir meiner Meinung nach diesen Gedanken weiterführen. Angesichts der systemischen Herausforderungen auf internationaler Ebene sowie der Infragestellung etablierter Prozesse im Inneren muss sich die Demokratie des 21. Jahrhunderts immer wieder aufs Neue beweisen.

Es ist die Aufgabe von uns allen, an dieser Stärkung der Demokratie zu arbeiten, um auch künftigen Generationen Freiheit und Frieden zu garantieren.

Die EU muss Garant für Demokratie und Rechtsstaatlichkeit sein, sie muss unseren Kindern und Enkeln alle Angst nehmen, wieder in nationalistische, menschenverachtende Zustände zu verfallen. Die EU muss Hoffnung ausstrahlen, keine Angst; Zuversicht, keine Zweifel; und: Solidarität, keinen Egoismus.

Joachim Gauck

Demokratie als Hoffnung für Unterdrückte und Verfolgte

Anmerkungen zur Diagnose und Therapie

1989 hätte beinahe niemand es für möglich gehalten, dass wir uns erneut um unsere Demokratie sorgen müssten. Heute aber fragen sich Bürger, Politiker und Wissenschaftler gleichermaßen verunsichert: Ist die Demokratie stabil? Hat die Demokratie bei uns in den Ländern des Westens und in anderen Teilen der Welt eine Zukunft? Und wie werden wir sie schützen können?

Denn: Die Demokratie hat unübersehbar Schaden genommen. Die Zahl der Demokratien ist weltweit in den letzten Jahren zurückgegangen. Innerhalb der reifen westlichen Demokratien haben populistische und nationalistische Tendenzen Aufschwung erhalten. Die Wahl von *Donald Trump* war für viele Demokraten weltweit und auch für mich ein Schock. Zudem sind wirtschaftlicher Aufstieg und technischer Fortschritt keineswegs mehr automatisch an das – wie der Historiker *Heinrich August Winkler* es nennt – »normative Projekt des Westens« geknüpft. Die kommunistische Führung hat China mit einer Mischung aus Autoritarismus und Kapitalismus in den letzten Jahrzehnten einen bemerkenswerten Entwicklungsschub beschert. Schritt für Schritt tritt sie auf geopolitischer Ebene in Konkurrenz zur

Supermacht Amerika. Und Europa, einst der Ausgangsort für Aufklärung und weltweite technische Innovationen, droht, von China und anderen aufstrebenden, teils semi-demokratischen asiatischen Ländern überholt und zu einer Mittelmacht herabgedrückt zu werden.

Diese Fragilität des demokratischen Systems ist unseren Zeitgenossen lange Zeit kaum bewusst gewesen. 1989/90 hatte der Westen doch den Sieg davongetragen. Die protestierenden Massen, die in Ost- und Mitteleuropa das Ende der kommunistischen Herrschaft erzwangen, entschieden sich für eine gesellschaftliche Umwandlung in Form westlicher Demokratien. Gerade auch in Deutschland war deren Überlegenheit mit den Händen zu greifen. Der Westen des Landes hatte nach dem Zweiten Weltkrieg eine beispiellose Erfolgsgeschichte erlebt. Sie bescherte den Menschen ein Wirtschaftswunder, vermittelte ein Gefühl der Sicherheit, ein soziales Netz; der Einzelne hatte in der Regel eine vorhersehbare Zukunft vor sich, die besser war als die seiner Eltern und Großeltern. Das Land blieb zudem von großen Wirtschaftskrisen, von Epidemien und Kriegen verschont. Die DDR hingegen stand 1989 wie die übrigen sozialistischen Staaten Mittelosteuropas vor dem wirtschaftlichen und politischen Bankrott. Eine Reform des Systems war undenkbar, seine Abschaffung die einzige sinnvolle Lösung. Der Sehnsuchtsort der meisten Bürger war sowieso seit langem der Westen, waren Marktwirtschaft und liberale Demokratie.

Schwächen der liberalen Demokratie

Die Desillusionierung begann nach 1989 allerdings schnell. Die liberale Demokratie zeigte auch Schwächen. Ich erinnere nur stichwortartig an die USA, wo der Strukturwandel ganze Regionen veröden ließ, oder an die postsozialistischen Länder, in denen die Transformation zu hoher Arbeitslosigkeit und hoher Auswanderung führte. Ich erinnere auch an die drohenden Staatspleiten in Südeuropa und an die Finanzkrise in den USA, die 2008 die Wirtschaft weltweit einbrechen ließen.

Die Demokratie erwies sich also keineswegs als das erträumte Ende der Geschichte mit dem versprochenen Wohlstand für alle. Sie tat sich vielmehr schwer mit der Bewältigung akuter Problemlagen wie der Flüchtlingskrise 2015 und später auch der Coronapandemie, und sie zeigte sich noch hilfloser und teilweise gar ignorant gegenüber den grundlegenden Herausforderungen der Zeit wie der fortschreitenden Globalisierung, der digitalen Revolution, dem Klimawandel, der künstlichen Intelligenz, dem Terrorismus, der Migration oder den einschneidenden geopolitischen und demographischen Veränderungen. Der israelische Philosoph *Yuval Noah Harari* sprach angesichts dessen einmal von einem Vakuum, da weder im konservativen noch im linken politischen Spektrum eine Zukunftserzählung existierte, die Perspektiven eröffnet hätte.

So konnte es nicht verwundern, dass Populisten und Nationalisten diese Lücke auszufüllen versuchten. Sie reagierten auf die umlaufenden Ängste zwar nur mit rückwärtsgewandten Ideen, die keine Lösungen für die Zukunft boten, aber immerhin die Hoffnung nährten, in einer nostalgisch verklärten Vergangenheit sei Heimat zu bewahren. Nationalpopulistische Bewegungen und Parteien in Europa, aber auch in anderen Teilen der Welt wurden alsbald von erheblichen Teilen der Wählerschaft zu beträchtlichen Erfolgen geführt. Gleichzeitig erodierte die traditionelle Parteienlandschaft in vielen Ländern. Sowohl in der Bürgergesellschaft als auch im Medienkosmos und unter den Politikern sorgte diese Entwicklung für beträchtliche Unruhe, für Verunsicherung und phasenweise auch für Alarmismus.

Aber ist dieser Alarmismus wirklich angebracht? Zwar zogen in den europäischen Staaten rechts- und linkspopulistische Parteien ins Parlament ein, und auch in Deutschland gingen querdenkerische, sogar rechtsextreme Demonstranten gegen »das Establishment« und »das System« auf die Straße. Doch es zeigte sich in vielen europäischen Ländern, dass der Bedeutungsverlust von traditionellen Parteien nicht automatisch mit der Erosion gemäßigter Positionen verbunden war. Europa ist insgesamt zwar nach rechts gerückt, aber die demokratische Mitte blieb im Wesentlichen das dominierende Element. Die friedliche Machtübergabe, wie sie der große Theoretiker und Sozialwissenschaftler *Karl Raimund Popper* zur Grundbedingung der Demokratie erklärte, war zu keinem Zeitpunkt bedroht, jedenfalls nicht in Europa. Für *Popper* war es nicht entscheidend, *wer* regiert – die Guten oder die Schlechten, das Volk oder die wenigen Besten, die Mehrheit oder die Minderheit –, solange die Möglichkeit besteht, die Regierung abzusetzen und zwar friedlich, ohne Blutvergießen.[1]

Anders entwickelte sich letzthin die Lage in den USA. Knapp, aber immerhin hatte *Donald Trump* die Wahlen verloren. Doch angefeuert durch ihn, den noch amtierenden Präsidenten, versuchten seine Anhänger, mit dem Sturm auf das Washingtoner Kapitol am 6. Januar 2021 den Regierungswechsel zu verhindern. Millionen erlebten live im Fernsehen, dass in einem Mutterland der Demokratie eine durch freie Wahlen erforderlich gewordene Machtübergabe gewaltsam verhindert werden sollte. Was in Jahrzehnten zuvor eine apokalyptische Überzeichnung für die amerikanische Gesellschaft gewesen wäre, war plötzlich höchst real und bedrohliche Wirklichkeit geworden.

Joachim Gauck

In den reifen Demokratien des Westens gab es zwar keine weiteren Versuche, einen Regierungswechsel zu verweigern. Es zeigte sich allerdings, dass andere, »softere« Möglichkeiten existieren, die Axt an die Wurzel der Demokratie zu legen. Denn – so *Adam Przeworski*, ein amerikanischer Politikwissenschaftler polnischer Herkunft – Demokratien verfügen über keine institutionellen Mechanismen, die sie »davor schützen, von einer rechtmäßig gewählten Regierung, die sich an die konstitutionellen Regeln hält, untergraben zu werden«.[2] Es gibt keinen Rat der Weisen, der mit höchster Autorität entscheiden könnte, wann eine Regierung eine rote Linie überschreitet und zurückzurudern hat. Es gibt im besten Fall ein Verfassungsgericht, das aber auch nur verbieten kann, was verfassungswidrig ist.

Niedergang in kleinen Schritten

Die Aushöhlung der Demokratie beginnt allerdings oft unbemerkt mit Maßnahmen, die nicht notwendig gegen verfassungsmäßige Regeln verstoßen, als einzelne vielleicht nicht einmal besonders alarmierend wirken und in ihrer längerfristig systemverändernden Wirkung unter Umständen schwer erkennbar sind. »Ein langsames Abgleiten in den Autoritarismus« – so die amerikanische Politikwissenschaftlerin Nancy Bermeo – »schlägt oft keinen hellen Funken, der eine wirksame Gegenreaktion auslöst und die Opposition sowie Bürgerbewegungen wachrüttelt, die Alarm schlagen könnten.«[3]

Die kumulative Wirkung aller Maßnahmen vermag jedoch eine neue Wirklichkeit zu schaffen, in der keine Wahlen mit echtem Wettbewerb mehr stattfinden können und den Regierenden (oder dem Regierenden) eine unter Umständen unantastbare Vormachtstellung gesichert ist.

Schritte in diese Richtung ließen sich in verschiedenen Ländern beobachten. Zum Beispiel können

- das Wahlrecht (Wahlalter oder das Wahlrecht von Ausländern) oder die Wahlbezirke so modifiziert werden, dass die eigene Partei bevorzugt wird (wie in den USA und der Türkei).

- die Gewaltenteilung und die Unabhängigkeit der Justiz eingeschränkt werden, etwa indem die Unabhängigkeit der Gerichte beseitigt wird und die Gerichte mit Gefolgsleuten des Regierungslagers besetzt werden (wie in Polen und Ungarn).

- die Meinungs- und Pressefreiheit dadurch eingeengt werden, dass staatliche Medien gleichgeschaltet und Zeitungen von Parteigängern der Regierung übernommen werden (wie in Ungarn und Polen).

Sind die Gerichte erst mit den eigenen Gefolgsleuten besetzt, kann man nicht mehr eine unabhängige Rechtsprechung erwarten. Sind die Medien erst in den Händen von Sympathisanten der Regierungspartei, hat die politische Opposition keine faire Chance mehr zu einer objektiven Berichterstattung. Dann können sich die Bürger nur noch schwer ein unabhängiges Urteil bilden und unterliegen den Manipulationen der Herrschenden. So ist zu erklären, dass autoritäre Herrscher wie *Recep Tayyip Erdoğan, Viktor Orbán* und die polnische PiS-Partei ohne größere Probleme ihre Wiederwahl zu sichern imstande waren. Wenn die Bürger mehrheitlich für die Zerstörer der Demokratie stimmen, dann hat sich die Demokratie – so bitter es klingen mag – selbst demontiert. Wir sahen es in der Weimarer Republik, und wir sehen es heute: Die Demokratie kann sich selbst den Todesstoß versetzen.

Joachim Gauck

Letztlich hängt das Schicksal der Demokratie von den Gesellschaften ab. Sorgen die Bürger dafür, dass die Meinungs- und Versammlungsfreiheit, die Herrschaft des Rechts und Wahlen mit echtem Wettbewerb erhalten bleiben? Begehren sie auf, wenn unabhängige Richter entlassen oder unabhängige Fernsehstationen geschlossen werden sollen? Fühlen sie sich nur als Konsumenten und Nutznießer des Systems oder auch verantwortlich für seinen demokratischen Charakter? Sind sie bereit, notfalls auch den Preis für Widerstand zu zahlen oder ordnen sie sich einfach unter?

Noch haben es die rechtspopulistischen Regierungen in Europa nicht vermocht, das »offene Ende« (ruled endedness) beziehungsweise die »institutionelle Unsicherheit« (organized uncertainty) zu schleifen, die essenzielle Bestandteile der Demokratie sind.[4] Selbst die sogenannte illiberale Demokratie ist ein System geblieben, das diese Bestandteile nicht völlig ausschließen kann. Anders als *Putin* in Russland oder *Xi Jinping* in China kennen *Erdoğan, Orbán* oder *Kaczyński* den Ausgang von Wahlen nicht schon, bevor sie überhaupt stattgefunden haben. Selbst diese illiberalen Führer sind vor Überraschungen nicht gefeit.

In Istanbul konnte ein Politiker der Opposition die Bürgermeisterwahlen 2019 für sich entscheiden. In Ungarn setzten sich sogar in der Hälfte der größeren Städte die Bürgermeister der Opposition durch. Und in Ungarn und Polen kann sich eine vereinte Opposition nicht unbegründete Hoffnungen auf einen Sieg in den nächsten Parlamentswahlen machen. All diesen Verteidigern der Demokratie sollte die Solidarität der westeuropäischen Demokratien gelten. Denn nicht zuletzt von ihnen wird es abhängen, ob die Europäische Union ihren demokratischen Werten treu und eine Einheit bleibt.

Die Internetbedrohung

Ich habe soeben von Bedrohungen für die Demokratie gesprochen, die sich aus ihrer institutionellen Verfasstheit ergeben. Mit dem Internet ist nun eine Bedrohung hinzugekommen, die aus der Veränderung von Öffentlichkeit resultiert. Einst sahen wir in den sozialen Medien eine neue und zweifellos großartige Möglichkeit des Austauschs von Informationen und Meinungen über Länder- und Systemgrenzen hinweg. Der öffentliche Raum war nicht mehr einer Elite und den herkömmlichen Medien vorbehalten, in der digitalen Welt können sich alle, die dies wollen, unmittelbar und direkt beteiligen. Man könnte an eine riesige Agora denken, einen zentralen Versammlungsplatz, auf dem nicht mehr wie im alten Griechenland nur männliche Vollbürger agieren, sondern ein jeder Bürger ungeachtet seines Standes mitreden und teilweise auch mitentscheiden kann. Im Internet sahen viele daher ein demokratisches Medium par excellence, einen Raum des egalitären Austauschs und einer kollektiv in Netzwerken erarbeiteten Wahrheit gleichermaßen.

Schnell erwies sich allerdings, dass sich der digitalen Technik auch jene bedienen, die an Austausch und Wahrheit gar nicht interessiert sind. Sie nutzen die sozialen Medien im Gegenteil für grobe Desinformation, für Hetze, Hass und Ressentiment und werden dabei von den Plattformen oft nicht nur toleriert, sondern sogar geschützt. Denn was für die Algorithmen zählt, sind Aufmerksamkeit und nicht Seriosität, sind Klicks und nicht Wahrheit. Wenn wir uns aber nicht mehr auf eine realitätsbasierte Wahrheit verständigen und Lügen und Fake News zur Realität erklärt werden können, dann sind sachliche und wissenschaftlich begründete Argumente nur noch eine von mehreren Interpretationsmöglichkeiten. Doch wie soll Demokratie ohne Wahrheit funktionieren? Und wie soll Wahrheit durchgesetzt werden, wenn Informationen nicht einem Faktencheck unterzogen werden müssen? Ganz abgesehen davon, dass Faktenchecks wohl niemals eine solche Verbreitung erfahren dürften wie die Falschmeldungen selbst.

Hinzu kommt, dass durch das Internet die vermittelnden Instanzen weitgehend weggefallen sind. Früher traf man sich vor Ort auf der Parteiversammlung oder im Verein, heute trifft man sich virtuell im Chat. Früher gab ein realer organisatorischer Unterbau der Demokratie Halt im persönlichen Umkreis, heute führt der digitale Austausch zu einer bisher unvorstellbaren Anzahl von Kontakten weitgehend im Anonymen. In Windeseile kann es durch Teilen zu Aufschaukelungseffekten kommen, mit teilweise unvorhersehbaren Folgen, weil sie auch von politischen und staatlichen Akteuren wie *Trump* oder *Putin* genutzt werden. Allein auf seinem Twitteraccount folgten *Donald Trump* über 80 Millionen Menschen. Über Facebook und andere Onlinedienste dürfte Russland mit seinen gezielten Desinformationskampagnen weltweit ein noch größeres Publikum erreichen. Desinformation wird in den sozialen Medien auf diese Weise zum Mittel der psychologischen und informatorischen Kriegsführung sowohl innerhalb von Staaten wie zwischen verschiedenen Staaten. Vollgepumpt mit den verschiedensten Behauptungen zieht sich ein Teil der Nutzer schließlich verwirrt und erschöpft zurück. Andere werden zu Glaubenskriegern und schließen die Wagenburg nach außen.

Sich gegenseitig nicht überfordern!

Die Frage ist, wie die Verteidigung der realitätsbasierten Demokratie in dieser Situation aussehen kann. Die Erfahrung lehrt, dass sich gegnerische Milieus in aktuellen Erregungsphasen fast vollständig gegeneinander abschotten und Sachargumenten gegenüber taub sind. Sie trauen nur ihren eigenen Erfahrungen und reden nur noch mit den Mitgliedern des eigenen Milieus. Diese Haltung aufzubrechen, ist kurzfristig so gut wie ausgeschlossen. Auf mittlere Sicht hingegen existiert meines Erachtens ein Hebel, Einstellungen zu verändern, dem wir stärker vertrauen sollten. Untersuchungen ergaben nämlich, dass die Überlebenschance der Demokratie in wirschaftlich entwickelten Ländern deutlich zunimmt: Dann, wenn der existentielle Druck in einer Gesellschaft nachlässt, wenn Menschen wohlhabender werden, mehr Bildungschancen haben und in stabilen Verhältnissen leben.[5] Anders ausgedrückt: Wenn die Demokratie »liefert«, lässt die Antihaltung gegenüber dem »Establishment« und »dem System« nach. Eine Politik, die das Land nach vorn bringt und zukunftstüchtig macht, entwickelt eine stark integrierende Kraft.

Diese Erfahrungen aus dem sozialen Bereich dürften sich auf den kulturellen Bereich übertragen lassen. Menschen, die sich im eigenen Land nicht mehr beheimatet fühlen, sehen sich von einer Regierung im Stich gelassen, die allein dem folgt, was als progressiv gilt – etwa wenn sie die ethnische, religiöse, sexuelle Diversität in einem Maße erhöht, wie es einen erheblichen Teil der Bevölkerung überfordert. Es ist irrtümlich anzunehmen, dass es nur besserer Aufklärung bedarf, und alle Bürger würden eine Abtreibung oder gleichgeschlechtliche Ehen gutheißen. Jede Gesellschaft besteht aus einem breiten Spektrum von Haltungen. Wenn die Progressiven zu weit nach vorn preschen, stärkt dies eher die Beharrungskräfte und Angstphantasien der Konservativen – so wie beispielsweise in Polen gegenüber der LGBT-Bewegung. Eine Demokratie ist umso stabiler, je besser der Ausgleich zwischen den verschiedenen Interessen und Haltungen gelingt. Trotz Differenzen muss Gemeinsamkeit möglich bleiben. Dann wird Pluralismus dank Toleranz lebbar.

Joachim Gauck

Hinzu kommt, dass wir aktuell in einer Übergangzeit leben mit vielen neuen Problemen, aber erst mit wenigen bewährten Antworten. Uns steht ein Epochenbruch bevor, wie ihn die Welt seit der industriellen Revolution nicht mehr erlebt haben dürfte. Die Furcht vor dem, was kommen mag, ist daher nur allzu verständlich. Und Zweifel sind leicht erklärlich: Wird die Demokratie und werden demokratische Regierungen dieser Herausforderung gewachsen sein? Wird der Klimawandel gelingen? Oder werden wir unseren Kindern und Enkeln eine zerstörte Umwelt und einen Schuldenberg hinterlassen? Wird ein sozialverträglicher Umbau der Arbeitswelt gelingen? Oder wird die digitale Revolution nur die Schere zwischen Arm und Reich weiter aufgehen lassen? Werden demokratische Regierungen auch die neuen Unwägbarkeiten meistern – plötzliche Epidemien, Flutkatastrophen, Brände, Stromausfall, Wassernot, Heißwetterperioden? Oder besteht die Gefahr, dass Chaos ausbricht?

Das Antidot: Staatliche Effizienz – und Selbstvertrauen

Ich bin fest davon überzeugt, dass Gesellschaften Phasen der Verunsicherung umso besser aushalten, je mehr Vertrauen sie in das demokratische System und die demokratisch gewählte Regierung entwickeln können. Gerade in Umbruchsituationen will der Bürger sehen, dass Regierungen kompetent regieren *wollen* und diese Kompetenzen auch besitzen – sowohl im strategischen Handeln wie beim besonnenen und schnellen Eingreifen in eventuellen Notsituationen. Und er will erleben, dass demokratisch verfasste Staaten effektiv und schnell reagieren können, selbst wenn sie nicht wie autoritäre Systeme unmittelbar durchregieren dürfen. Ich denke, dass hier erhebliche Nachbesserungen auch in unserem Land zu erfolgen haben.

Sich umzuorientieren, ist allerdings nicht nur Sache der Regierenden, sondern eines jeden Bürgers. Lange haben sich die westlichen Demokratien in einer Art Komfortzone befunden. Die großen Konflikte, Kriege und Katastrophen ereigneten sich woanders. Der Durchschnittsbürger sah sich selten von existentiellen Krisen bedroht, der Zukunftsvektor wies nach oben. Doch in den letzten Jahrzehnten wurde das klassische moderne Machbarkeitsdenken mehr und mehr entzaubert. Gegenwart und Zukunft sind nicht nur Räume des Fortschritts und der Chancen, sondern auch der Unwägbarkeiten und Risiken: Der Terrorismus seit den Anschlägen von 9/11, die unkontrollierbaren Migrationsströme aufgrund von Armut und Verfolgung, die Coronapandemie, die unheilvollen Abhängigkeiten in einer globalisierten Welt etc. »Blackout«, ein totaler Stromausfall, ist kein Horrorszenario, sondern notwendige Analyse, um Prävention zu betreiben – so weit jedenfalls, wie dies möglich ist, denn zu den Risiken gehört, dass der Ort zukünftiger Katastrophen nicht bestimmbar ist.

Worauf Menschen in armen Ländern, in Bürgerkriegsländern, in Ländern politischer Unterdrückung sich zwangsläufig einzustellen haben, weil es überlebenswichtig ist, wird in Zukunft ebenfalls in den westlichen Demokratien eine größere Rolle spielen. »Man muss es aushalten, dass sich gesellschaftliche Risiken nicht auf null reduzieren lassen«, schrieb der Soziologe *Andreas Reckwitz*[6] und umriss damit eine wichtige Lernaufgabe der Zukunft. Die Bürger müssen widerstandsfähiger und robuster werden, dürfen sich von persönlichen und gesellschaftlichen Schocks und Katastrophen möglichst nicht aus der Bahn werfen lassen, sondern haben – wie es heute heißt – Resilienz zu entwickeln.

Die gute Nachricht dabei ist: Menschen können Resilienz lernen – sich gegen beeinträchtigende äußere Einflüsse wappnen, indem sie ihr Selbstvertrauen stärken und sich selbst ermächtigen. Aufgrund unterschiedlicher individueller Dispositionen wird dies dem Einen besser gelingen, dem Anderen schlechter. Aber die Psychologie hat gezeigt, dass Kinder und selbst Erwachsene nicht dazu verurteilt sind, ihr Leben lang nur Opfer der Umstände zu sein. Der Mensch kann lernen, sein Schicksal (wieder) in die Hand zu nehmen, wenn er seine Kräfte richtig einschätzen lernt und Selbstvertrauen (wieder-)gewinnt.

Wer sich widrige Umstände bewusst macht und nach Möglichkeiten ihrer Überwindung sucht, gleitet nicht ab in das Gefühl vollständiger Machtlosigkeit und Hilflosigkeit. Er kann handlungsfähig werden, sein eigenes Leben gestalten und damit auch einen Teil seiner Umgebung und seines Landes. Nicht nur bei Wahlen einmal in vier Jahren, sondern durch Parteimitgliedschaft oder anderes politisches und soziales Engagement, angefangen von Fridays for Future bis zu Lesepatenschaften oder durch Anpacken, da wo es akut notwendig ist. Wie in den Überschwemmungsgebieten von Nordrhein-Westfalen und Rheinland-Pfalz im Sommer 2021, als Menschen innerhalb weniger Stunden ihre gesamte Lebensgrundlage verloren und sich dennoch unmittelbar darauf dem Wiederaufbau ihrer Häuser stellten. Bürger, die Resilienz entwickeln, stärken somit auch die Demokratie.

Resilienz zu lehren und zu lernen bedeutet, ein Antidot gegenüber jener Opferideologie zu entwickeln, die sich in Amerika, aber auch bei uns in den letzten Jahren immer mehr ausgedehnt hat. Noch die kleinsten Aggressionen, gleichgültig ob tatsächlich oder gefühlt, sind ihr als Anlass willkommen, um Verletzungen und Kränkungen anzumelden und tatsächliche oder angebliche rassistische und sexistische Verhaltensweisen anzuprangern. Diese Opferideologie kreist häufig nur um Schwächen und Mängel und bestärkt zu wenig die Kräfte, die

Emanzipation und Selbstverwirklichung vorantreiben. Statt Menschen zu ermutigen, trotz realer oder gefühlter Diskriminierungen die Zuschreibungen von außen zu durchbrechen, hält sie die Opferideologie in einer angeblich unveränderlichen subalternen »Identität« gefangen. Statt jeden Einzelnen bei der Übernahme von Verantwortung zu unterstützen, fordert sie die Verantwortung von all den Personen, denen pauschal die Schuld für die Diskriminierung der Opfer zugeschrieben wird.

»Wokeness« als Gesinnungsterror gefährdet die Demokratie

Eine Bewegung, die sich den Kampf gegen Diskriminierung auf ihre Fahnen geschrieben hat, agiert damit ihrerseits diskriminierend: Wer sich ideologisch außerhalb des Feldes bewegt, das Anhänger der Genderpolitik und Meinungsrichter der sogenannten Wokeness abgesteckt haben, gilt als undemokratisch oder gar als rechtsradikal und rassistisch. Wokeness und die Praxis, bestimmte Meinungen zu canceln, gefährden mit ihrem Konformitätszwang die freie Meinungsäußerung in der Demokratie. Nicht allein in Amerika und Großbritannien, zunehmend auch in Deutschland riskieren Menschen, die sich bestimmten Denk- und Sprachvorgaben verweigern, ihren guten Ruf und unter Umständen sogar ihre berufliche Stellung. Als *Alexis de Tocqueville* 1831/32 Amerika besuchte, sah er eine derartige Form des »Despotismus« noch von der Mehrheit ausgehen. Heute stellen wir fest, dass schon eine entschiedene Minderheit ausreicht, um die Mehrheit unter Druck zu setzen.

Es schmerzt mich zu sehen, wie bereitwillig Teile unserer Gesellschaft dem sich fortschrittlich und antikolonialistisch gebärdenden Gesinnungsterror nachgeben und damit dazu beitragen, den Pluralismus unserer Demokratie zu beschneiden. Dabei ist eine Theorie, die die Welt aktuell und historisch auf einen Gegensatz zwischen Schwarzen und Weißen herunterbricht und letztlich im alten weißen Mann die Inkarnation allen Übels sieht, empirisch völlig unhaltbar. Eine derartige Auffassung ignoriert nicht nur die große Mehrzahl der Weißen, die in der Geschichte ebenfalls von autoritären, totalitären Systemen unterdrückt, verfolgt, ermordet wurden. Sie übersieht zudem, wie sich im Laufe der Geschichte immer wieder Menschen fanden, die sich an der Seite von Schwarzen und People of Colour gegen Sklaverei, für Gleichberechtigung und gegen Diskriminierung eingesetzt haben. Andererseits geht sie geflissentlich über die Unrechtsgeschichten von Schwarzen und People of Colour hinweg, denen Sklaverei, Gewalt gegenüber Schwächeren und Ausbeutung durchaus nicht fremd waren. Ich schweige hier von den in der Gegenwart existierenden autoritären, korrupten Regierungen und islamistischen Terrorgruppen.

Wer in einem diskriminierenden Modus Pauschalurteile gegen Weiße in die Welt setzt, muss sich den Vorwurf gefallen lassen, einst überwundenes Stammesdenken wieder zu einem dominierenden Element von gesellschaftlichen Auseinandersetzungen zu machen. Auch werden die liberal-demokratische Zivilisation und die universalen Menschenrechte, denen Millionen von Menschen Würde und gleiche Rechte verdanken ohne Not in Frage gestellt. Der Westen habe endlich seine Arroganz abzustreifen, höre ich immer wieder, die ihn immer noch daran festhalten ließe, seine politische und wertemäßige Ordnung für besser, menschenfreundlicher, gerechter als die anderer Kulturen und Staaten zu halten. Dass es aber eben diese wertebasierte Ordnung ist, nach denen sich Abermillionen unterdrückter Menschen sehnen, wird von den genannten Aktivisten übergangen.

Vom Recht, Rechte zu haben

Für mich gibt es keinen Zweifel: Unsere Demokratie ist bis jetzt durch kein besseres Modell ersetzt worden. Es stimmt: Sie ist alles andere als vollkommen, und wie weit sie in Zukunft belastbar sein wird, muss sich noch herausstellen. Aber die ihr zugrunde liegenden universellen Menschenrechte erweisen sich weiterhin als starke Richtschnur und als Triebfeder für Unterdrückte im Kampf um Rechte, Freiheit und Würde. Das Recht, Rechte zu haben, trieb und treibt Frauen, Schwarze, unterdrückte Kasten oder ethnische und religiöse Minderheiten auf verschiedenen Kontinenten an, auch für sich einzuklagen und zu erkämpfen, was ihnen bis dahin vorenthalten wurde. Wir sehen diese Kraft in der Black Lives Matter Bewegung ebenso wie bei Bloggern in Saudi-Arabien, Frauenrechtlerinnen im Iran oder bei der Opposition in Belarus, Russland und China. Warum sollten wir anderen Systemen die gleiche Legitimität wie der Demokratie zubilligen, wenn sie auf Frauenverachtung, religiösem oder ideologischem Fundamentalismus, auf Ausschaltung von Andersdenkenden, ethnischer Verfolgung oder massiver Ausbeutung, Korruption und Rechtsbeugung beruhen?

Genauso unverständlich ist es für mich, wenn davon ausgegangen wird, die liberalen Werte des Westens ließen sich nur im Westen realisieren. Haben wir in den letzten Jahrzehnten nicht eine erstaunliche Entwicklung in Asien erlebt? In Taiwan, in Südkorea und – wenn auch mit Einschränkungen – in Singapur? Und sollen wir dem demokratischen Widerstand in Hongkong unsere Unterstützung versagen, weil das große China der Region einen anderen Normenkatalog aufzwingt? Oder lassen wir die Opposition in Weißrussland im Stich, weil das Lukaschenko-Regime im Moskauer Einflussbereich liegt?

Joachim Gauck

Die Demokratie bleibt die Hoffnung für Unterdrückte und Verfolgte in aller Welt. Und für die, die schon länger in ihr leben, ist es der Raum, ganz real und wirkmächtig ihr Bürgersein zu leben und die Möglichkeit zu nutzen, erkannte Fehler zu korrigieren und sich selbst in Frage zu stellen. Es ist dieses Im-Werden-Sein der Demokratie, was sie so unverwechselbar macht. Und es ist ein Element, das Zukunft verheißt. Deshalb verdient dieser Raum der guten Möglichkeiten nach wie vor unser Vertrauen.

In diesem Raum können Menschen das, was an positivem Potenzial in ihnen steckt, weitgehend ungehindert ins Leben bringen, können die verstörende Vielfalt der Moderne im Geist der Toleranz zu einem guten Miteinander der Verschiedenen führen und ohne Unterdrückung die schönste Form der Freiheit leben: ein Dasein in Verantwortung.

Die Demokratie bleibt ein Ort, um den es sich zu kämpfen lohnt.

Anmerkungen

1   Karl Raimund Popper, Zur Theorie der Demokratie, in: Der Spiegel 32 (1987) vom 2.8.1987.

2   Adam Przeworski, Krisen der Demokratie, Berlin 2020.

3   Nancy Bermeo, On democratic backsliding, in: Journal of Democracy 27/1 (2016), S. 5–19.

4   So Adam Przeworski, s. o.

5   Christian Wetzel, Freedom Rising, New York/Cambridge 2013.

6   Andreas Reckwitz, Die neue Politik des Negativen, in: Der Spiegel 10 (2021), vom 5.3.2021, S. 42–44.

Hedwig Richter

Demokratie – eine Fiktion?
Warum sich eine Auseinandersetzung mit ihrer Geschichte lohnt

Demokratie als Herrschaft der Gleichen und damit als Herrschaft aller ist eine Fiktion. *Reinhart Koselleck* hat es auf den Punkt gebracht: »Die Identität *von* souveräner Entscheidungsinstanz *mit der* Gesamtheit der Bürger ist von Anbeginn dazu verurteilt, ein Mysterium zu bleiben.«[1] Die Frage ist berechtigt. Wie soll das zugehen? Wie sollen Millionen über sich selbst herrschen? Überhaupt: Wie lässt sich die demokratische Gleichheit mit der Tatsache von Herrschaft in Übereinstimmung bringen? Wenn geherrscht wird, gibt es Beherrschte und damit Ungleichheit.

Die praktische Unmöglichkeit von Demokratie lässt viel Raum für kritische Geister: Gerne entzaubern oder entlarven Politikanalysen »die Politik«; schauen hinter die »Fassaden«. Zuweilen wird die liberale Demokratie zu einer Post- oder Scheindemokratie erklärt. Nur alle vier Jahre wählen: Das sei doch keine Demokratie! Empörung über Hinterzimmer-Politik und über die vermeintlich wachsende Kluft zwischen Regierenden und Regierten macht sich breit. Muss Demokratie nicht möglichst direkt sein?

Und diese Kritik trifft ja auch einiges – zweifellos. Allerdings sind die genannten Probleme ins Herz der Demokratie eingeschrieben. Und zwar dadurch, dass die moderne Demokratie das Ungeheuerliche, das Revolutionäre zum Herrschaftsprinzip erhoben hat: die universelle Gleichheit. Die Ideen der Aufklärung und dann die Französische Revolution hatten die Gleichheit zum höchsten Prinzip in der Politik erhoben. Das war umstürzend, revolutionär – es war: unvorstellbar. Denn wenig widersprach damals dem Alltag der Menschen mehr als die Idee Gleichheit. Ungleichheit bildete die Grundlage des Daseins. Sie war auch noch im ausgehenden 18. Jahrhundert das Prinzip von Herrschaft, sie bildete den Boden des dörflichen und des ständischen Lebens, der Erziehung, der Kleiderordnungen und des Geschlechterverhältnisses.

Dadurch unterscheidet sich übrigens die moderne Massendemokratie grundlegend von früheren Formen, etwa der antiken Demokratie oder den frühneuzeitlichen Stadtrepubliken Europas mit der Herrschaft der wenigen Gleichen.

Demokratie – voller Widersprüche

Der Demokratiehistoriker *Rosanvallon* spricht davon, dass Demokratie »als fiktives System« erscheine: Weil die tragende Idee der Gleichheit eine Abstraktion sei (in einer Welt von Individuen mit sehr unterschiedlichen Männern und Frauen).[2] Die Fiktion der Gleichheit schuf eine weitere Fiktion, auf die *Rosanvallon* ebenfalls als Grundproblem der Demokratie hinweist: der Volkskörper, auf dem die Demokratie beruht, sei eine symbolische und künstliche Neubildung.

Tatsächlich: Die liberale Demokratie, in der es im Wesentlichen um die Menschenwürde geht, um Gleichheit gepaart mit Frei-

Hedwig Richter

heit, ist voller Widersprüche – und es war keineswegs von Anfang an ausgemacht, dass die Regierungsform der Volksherrschaft sich zu dieser liberalen Demokratie entwickeln würde. Die Herrschaft der Massen konnte auch Kräfte entfesseln, die den Populismus, den Faschismus oder gar den Nationalsozialismus bestärkten. Unsere Demokratie im Europa des 21. Jahrhunderts ist das Ergebnis einer langwierigen, widerspruchsvollen Geschichte. Daher erweist sie sich nicht als ein Gebilde aus einem Guss, vielmehr ist sie ein Flickwerk, ein um Ausbalancierung ringendes Gefüge. Es gibt die dunklen Seiten der Demokratie – und es ist wichtig, sie historisch in den Blick zu nehmen.

Warum hat sich dieses krumme Gebilde Demokratie zur erfolgreichsten Regierungsform entwickelt – soweit wir das bis heute einschätzen können; was die Zukunft bringt, ist ungewiss? Denn auch wenn in den letzten Jahren die Zunahme von Demokratien stagnierte, so ist doch im letzten halben Jahrhundert insgesamt die Anzahl an Demokratien in erstaunlichem Ausmaß gestiegen. Je nachdem, wie man misst, sind heute knapp 100 Länder Demokratien (in den 1970er Jahren waren es noch rund 40 Länder). Hinzu kommt: Bei weltweiten Umfragen gibt eine große Mehrheit der Befragten an, Demokratie sei die beste Regierungsform. Noch nie war Demokratie so unumstritten, bemerkt der Politikwissenschaftler *Philip Manow* zurecht.[3]

Ich denke, wenn wir die Geschichte der Demokratie anschauen, werden einige der Widersprüche und Probleme, mit denen wir es in der Demokratie zu tun haben, verständlicher – und erscheinen damit zumindest teilweise auch als weniger skandalös und krisenbehaftet. Demokratiegeschichte hilft etwa dabei, das Problem besser einordnen zu können, wie sich Gleichheit und Herrschaft realisieren lassen oder wie das Konstrukt des Volkskörpers operationalisiert werden kann. Demokratiegeschichte kann auch zeigen, wie sich die Gleichgültigkeit vieler Menschen gegenüber der Politik erklären lässt – oder, um noch einen weiteren Punkt zu nennen, wie man das spannungsvolle Verhältnis zum Kapitalismus analysieren kann.

In all diesen Punkten geht es um die Frage, wie Gleichheit realisiert wurde oder – konkreter: Wie gelang es, dass zunehmend mehr Menschen in die Gesellschaft einbezogen wurden – und sich im öffentlich-politischen Raum als Gleiche begegnen konnten. Die Gesellschaften der frühen Neuzeit waren politisch hoch desintegriert. Politik fand an den Höfen oder in den Städten statt. Menschen auf dem Land waren von daher betrachtet außen vor, sie waren meistens besonders stark von Armut betroffen, auch von Leseunfähigkeit. Bei aller Vielfalt der ländlichen Räume lässt sich doch sagen: Als überwältigende Mehrheit war die ländliche Bevölkerung extrem marginalisiert.

Der Soziologe *Rudolf Stichweh* spricht von »Inklusionsrevolutionen«, die sich mit der Moderne vollzogen haben.[4] – Dabei wird deutlich, dass diese Inklusion mehr als der politischen Inklusion bedarf, wesentlich mehr etwa als des Wahlrechts. Die Geschichte der Demokratie will ich hier also als eine Geschichte der Inklusionen erzählen: Wie immer mehr Menschen in die Gesellschaft einbezogen und politisch als Gleiche behandelt werden. Leider ist das keine gradlinige Geschichte. Es gab genug Abbrüche – und oft genug schien die Idee der Gleichheit an ihr Ende gekommen zu sein. Deutlich wird dabei auch, wie eng Inklusion und insbesondere die Idee von universeller Gleichheit mit Exklusion verbunden ist.

Bei meinem historischen Blick auf die Geschichte der Demokratie will ich drei Schwerpunkte setzen, anhand derer ich diese Inklusionsrevolutionen verdeutliche. Zugleich wird dabei die

Widersprüchlichkeit von Demokratie klar, ihre Fragilität, aber doch auch ihre Fähigkeit mit diesen Problemen und Disparitäten umzugehen. Erstens schaue ich auf die Rolle von herrschenden und intellektuellen Eliten. Zweitens auf die Bedeutung von sozialer Gerechtigkeit und die Rolle, die Industrialisierung und Wohlstand dabei spielen. Und der dritte Schwerpunkt liegt auf dem Konzept von »Nation«.

1. Rolle der Eliten

Eine der erstaunlichen Phänomene der frühen Demokratisierungsprozesse um 1800 ist das Desinteresse der Bevölkerung. Das zeigt sich bei den frühen modernen Wahlen um 1800, also Wahlen mit einem Anspruch auf Allgemeinheit. Während der Französischen Revolution, bei Einführung des, wie man es nannte, »suffrage universel« 1792 nahm nur jeder zehnte Wahlberechtigte sein Stimmrecht wahr. An einem Tiefpunkt war die Partizipation in Frankreich 1813 mit einer Wahlbeteiligung von unter 5 % während des Krieges angekommen, und die Behörden klagten, dass es der Bevölkerung wahrscheinlich gleichgültig wäre, wenn man ihnen das Wahlrecht entzöge. Dänemark führte 1837 aufgrund der geringen Beteiligung die Wahlpflicht ein. In Preußen fehlte in der Regel ein Drittel bis die Hälfte der Wahlberechtigten. Dabei hatte Preußen mit seiner Städteordnung von 1808 ein ziemlich modernes Wahlrecht, das den Bürgern großen Einfluss auf die städtische Politik gab. Auch in anderen deutschen Staaten regte sich wenig Sinn für bürgerliche Mitbestimmung. Die Teilnahme in den süddeutschen Staaten etwa sank häufig auf unter 50 %. Wie in anderen Ländern waren es zumeist gebildete Reformeliten aus Bürgertum und Adel, die das Wahlrecht installiert hatten und in Zeitungen die Bürger zur Wahlbeteiligung aufriefen.

Kurz zur Klärung: Ich definiere Eliten als Gruppe von Menschen, denen von der Gesellschaft besondere Autorität zugeschrieben wird – und die aufgrund dieser Konstellation in je verschiedenen Feldern besondere Macht hat: sei es in der öffentlichen Kommunikation oder im politischen Entscheidungsraum.

Auch in den USA waren Wahlen eine Angelegenheit von wenigen. Bei den amerikanischen Präsidentschaftswahlen von 1800 gab weniger als ein Drittel der Wahlberechtigten seine Stimme ab. Bei den Kommunal- oder Parlamentswahlen lag die Wahlbeteiligung höher, blieb aber auch dort häufig unter 50 %. Offensichtlich empfand ein beträchtlicher Teil der Menschen das Stimmrecht nicht als ein hehres Recht, für das es sich gar zu kämpfen lohne. Wahlen erwiesen sich in der ersten Jahrhunderthälfte häufig als ein hoheitliches Projekt, dem sich die Bürger (wenn überhaupt) mit wenig Elan fügten.

Warum waren Wahlen so unattraktiv? Zum einen aus ganz praktischen Gründen. In den Akten liest sich, dass die Männer nicht gerne zur Wahl gingen, weil dies oft mehrere Stunden, teilweise mehr als einen Tag in Anspruch nahm. Zudem blieb die Idee der Repräsentation doch sehr abstrakt – und wurde eben vor allem von den Gebildeten verstanden und gefordert. Was aber trieb diese liberalen Eliten und die Regierenden zur Ausbreitung der Partizipationsrechte? Bei dieser Frage sollte man nicht übersehen, dass sie ganz unterschiedliche Motive hatten.

Moderne Staaten waren zu groß und zu komplex, um von einer kleinen Führungsschicht gelenkt zu werden, sie bedurften der Mitarbeit von unten, der Inklusion breiterer Schichten der Bevölkerung. Insbesondere in ihrer Initiationsphase in den Jahrzehnten um 1800 dienten Wahlen der Obrigkeit häufig als Disziplinierungsinstrument. In der Präambel zur preußischen

Hedwig Richter

Städteordnung etwa hieß es, sie habe den Zweck, »Gemeinsinn zu erregen«. Ganz Ähnliches lässt sich bei Thomas Jefferson lesen. Die liberalen Reformer sahen erweiterte Partizipationsrechte als einen wichtigen Beitrag zum *Nation Building*, zur Organisation eines modernen Staats. Wahlen erleichterten den Zugriff des Staates auf die Bürger. Davon legen die Wahlregistraturen in allen Ländern ein eindrückliches Zeugnis ab. Sie erfassten meistens nicht nur die Namen, sondern in aller Regel auch das Alter, den Wohnort und häufig den Beruf des Mannes. Auch die bald übliche Kopplung des Wahlrechts an die Steuerleistung verdeutlicht den Nutzen der Wahlen für die Regierenden. Zugespitzt formuliert: Wahlen konnten nicht zuletzt als performativer Akt dienen, in dem sich die Bürger als Quasi-Mitregenten mitsamt ihrem Eigentum dem Staat verpflichteten.

Ein weiteres Motiv der Herrschenden, um die partizipative Inklusion der Bevölkerung voranzutreiben, war die zentrale Funktion von Wahlen als moderne Legitimationsbeschafferin. Deutlich wird dabei, welche vielfältigen Hybride an Wahlverfahren- und Wahlfunktionen sich auf der Schwelle ins 19. Jahrhundert entwickelten. Feudale Familien im Neuengland der frühen amerikanischen Republik, aber auch alte aristokratische Familien in Frankreich etwa bewahrten mit Hilfe von Wahlämtern häufig ihre alte einflussreiche Position. Ihre Wahl konnten sie sich lange damit sichern, dass sie von ihren Landarbeitern Loyalität einforderten.

Doch zunehmend stießen Wahlen auf mehr Resonanz in der Bevölkerung – und mit ihr die Idee der Repräsentation. Das lag auch daran, dass Gleichheit allmählich plausibler wurde. Gegen Mitte des 19. Jahrhunderts und dann verstärkt am Ende des Jahrhunderts wurde deutlich, dass Eliten zwar immer wieder wichtig für Demokratisierungsprozesse waren, dass Demokratisierung aber zunehmend auch von unten eingefordert wurde.

Was aber trug dazu bei, die Menschen zu inkludieren? Warum konnten Männer die anderen Männer und sich selbst zunehmend als Gleiche betrachten?

2. Bedeutung von sozialer Gerechtigkeit und Wohlstand

Entscheidend war eine Umwälzung, die schon von den Zeitgenossen als »Revolution« bezeichnet wurde: und zwar die »Industrielle Revolution«.

Die Zusammenhänge zwischen Kapitalismus, Eigentum und Demokratisierung sind kompliziert, und ich will hier nur drei ökonomische Impulse für Demokratisierungsprozesse benennen: *Erstens* flexibilisierte die kapitalistische Ökonomie den Besitz, und dieser neue Besitz verlieh Macht unabhängig von Geburt und Stand. Die wachsende Bedeutung der Ökonomie bereitete den Boden für eine Gleichheitsvorstellung, in der die Menschheit neu geordnet wurde: Nach rationalen Maßstäben zeichneten sich die (grundsätzlich gleichen) Menschen nicht durch Privilegien, durch Geburt und Adel aus, sondern durch Leistung, die sich anhand des erwirtschafteten Eigentums manifestierte (so die Vorstellung). Die verändernde Kraft der neuen Zeit verdankte sich wesentlich dem Kapitalismus. *Marx* und *Engels* kommentierten im Kommunistischen Manifest: »Die Bourgeoisie hat in der Geschichte eine höchst revolutionäre Rolle gespielt«, sie habe »alle feudalen, patriarchalischen, idyllischen Verhältnisse zerstört«. Zur Zerstörung der Feudalordnung gehörte auch, dass der moderne Staat immer mehr Aufgaben übernahm und finanzieren musste, so dass er auf ein neues, gut organisiertes Steuerwesen angewiesen war. Als neuer Leistungsträger erwies sich dabei das Bürgertum.

Hedwig Richter

Wichtig war *zweitens* die Forderung der Steuerzahler nach einem Mitbestimmungsrecht über den Gebrauch ihrer Steuern – »no taxation without representation« – wie es in der amerikanischen Revolution prominent zum Ausdruck kam. Doch darf dieser besonders häufig angeführte Zusammenhang nicht überstrapaziert werden. Meistens handelte es sich, wenn diese Forderung überhaupt aufkam, bei den Fordernden um eine eher kleine Gruppe von wohlhabenden Männern. Auch war die Forderung im nordatlantischen Raum weitgehend unumstritten.

Der *dritte* Punkt ist wohl der wichtigste. Der wachsende Wohlstand versetzte die große Mehrheit der Menschen überhaupt erst in die Lage, Politik in einem modernen Staat zu betreiben, weil Wohlstand die für eine partizipative Staatsform unabdingbare Infrastruktur ermöglicht. Dazu gehören Schulen, Verkehrswege, die Integration, Austausch und Kommunikation, aber auch die Produktion von Zeitungen und die Ressourcen, Zeitungen zu kaufen. Die Industrialisierung erst schuf für die unteren Schichten die materielle Basis, durch die sie ein Leben in Würde führen konnten. Der Reallohn auch der Ärmsten stieg um 1900 an. Das zusätzliche Geld und auch die neue freie Zeit durch Arbeitszeitreduzierung ermöglichten es den Männern (weniger den Frauen), abends in der Kneipe bei einem Bier die Politik zu diskutieren und an der Parteiarbeit teilzunehmen. Entscheidend war also ein gewisser Wohlstandssockel für alle, der auch bei anhaltender oder wachsender Ungleichheit eine angemessene Lebenshaltung, Bildung und ein politisches Engagement in der Breite erlaubt.

Nicht jeder Staat, in dem Wohlstand herrscht, ist eine Demokratie, aber es gibt keine stabile Demokratie, die nicht zu den reicheren Ländern zählt. Das kommt auch daher, dass Demokratie einen Sozialstaat braucht, um die egalitäre Partizipation zu gewähren und um allen ein Leben in Würde zu ermöglichen.

Noch einige Worte zum Zusammenhang von Menschenwürde, Eigentum und Körper: Zur Verbindung von kapitalistischen Ideen mit Vorstellungen von Partizipation und Demokratie gehört wesentlich die Herausbildung eines modernen Subjektverständnisses: die Vorstellung von einem unabhängigen, selbstbestimmten, rational agierenden Menschen, der autonom über seinen Körper herrscht. Es ist ein Subjekt mit dem Recht auf Eigentum, ein Subjekt, das Verträge abschließen kann. Die Politikwissenschaftlerin *Linda Zerilli* nennt das »fantasies of sovereignty and rationality« – »Phantasien von Souveränität und Rationalität«.[5] Diese Phantasien sind eng mit Männlichkeitsvorstellungen verbunden. Die grundlegende Idee des Gesellschaftsvertrags setzte das autonome männliche Subjekt voraus.

Der Schutz des Eigentums war zunächst nicht in Abwehr gegenüber den unteren Schichten gedacht, sondern in Abwehr gegen die Fürsten. Auch deswegen tauchen schon in den frühen Menschenrechtsproklamationen Freiheitsrechte immer gemeinsam mit Eigentumsrechten auf. In diesen Zusammenhang gehört auch der Schutz des Körpers. Tatsächlich ist das grundsätzlichste Recht auf Eigentum das Recht auf Unversehrtheit des Körpers. Und das ist eng verbunden mit dem Schutz vor Sklaverei und willkürlichen Verhaftungen. Menschen, die nicht über ihren eigenen Körper herrschten, wurden daher von Gleichheitsvorstellungen in der Regel selbstverständlich ausgeschlossen. Zu ihnen gehörten in der ersten Hälfte des 19. Jahrhunderts wie selbstverständlich die Frauen.

Eine wichtige Rolle spielt dabei auch der Hunger. Körperliche Autonomie und die physische Würde als Bürger oder Bürgerin lassen sich nicht mit Hunger vereinen. Bis in die 1840er Jahre hatten in Europa regelmäßig Hungernöte gewütet. Das war um 1900 undenkbar geworden. Die Zeit der Massenpolitisierung

Hedwig Richter

am Ende des 19. Jahrhunderts fiel in Kontinentaleuropa in eben jene Zeit, in der die Hungersnöte aufhörten.

Auch der Kapitalismus zerstörte Körper und die neuen Produktionsverhältnisse griffen tief in die Freiheit der Menschen ein. Doch zunehmend organisierten sich die Arbeiter und allmählich auch die Arbeiterinnen und wehrten sich. Die Drohung von Revolution lag seit der Französischen Revolution über Europa. Das trug insbesondere am Ende des 19. Jahrhunderts auch zu staatlichen Interventionen bei, um den zerstörerischen und ausbeuterischen Charakter des Kapitalismus zu zähmen. Anhand der Arbeitszeit zeigt sich das ganz anschaulich. Ihre Regulierung gehörte zu den ältesten Forderungen der Arbeiterbewegung. Noch um 1870 gab es mit einer Arbeitszeit von siebzig Stunden oder mehr pro Woche in den Industriestaaten im Leben der meisten Menschen wenig mehr als Arbeit. Um 1900 sank die Arbeitszeit breitflächig auf fünfzig Stunden pro Woche, was oft per Gesetz festgelegt wurde.

Die Anfänge des Sozialstaats liegen nicht zufällig in dieser Zeit der Massenpolitisierung vor dem Ersten Weltkrieg. Frauen spielten in der Reformzeit um 1900 bei der Herausbildung des Sozialstaats eine entscheidende Rolle, *Beatrice Webb* in Großbritannien etwa, *Maria Montessori* in Italien oder *Alice Salomon* in Deutschland. – Wenn man die Demokratiegeschichte nicht verkürzt als Revolutionsgeschichte erzählt, wird deutlich, welche enorme Rolle Frauen darin gespielt haben.

3. Nation: Inklusion und Exklusion

Es gab neben der sozialen, materiellen Inklusion einen weiteren wichtigen Faktor, der Gleichheit plausibel machte und Inklusion ermöglichte. Das war die Konstruktion von Nation. Der Zusammenhang von Demokratie und Nation wird oft wenig zur Kenntnis genommen. Und dient Nation nicht tatsächlich viel mehr der Exklusion als der demokratischen Inklusion? Hat der aggressive Nationalismus nicht die Weltkriege befördert und unter dem NS-Regime jede Demokratie zerstört?

Und doch spricht paradoxerweise vieles dafür, dass Demokratie ohne Nation nicht zu haben ist. Die Historikerin *Liah Greenfeld* etwa erklärt: »Demokratie wurde im Gefühl der Nationalität geboren. Die beiden sind eng miteinander verbunden, und keine von beiden kann ohne diese Verbindung richtig verstanden werden.«[6] Es gibt zahlreiche Gründe dafür, warum Nation für die Entwicklung von Demokratie so wichtig ist.

Zunächst, weil vor der Nation jedermann gleich ist. Egal ob Graf, Bankier, Verwaltungsbeamter oder Arbeiter: Jeder ist ein Franzose (oder Italiener oder Deutscher). Tatsächlich verlieh Nation der abstrakten Idee der Gleichheit Gestalt – und Gefühl.[7] Das trug wesentlich dazu bei, dass das Konzept so attraktiv wurde.

Zweitens bot Nation ein neues Selbstverständnis. Mit der Auflösung der Ständegesellschaft im 19. Jahrhundert, mit der Säkularisierung und mit den Individualisierungsprozessen hatten die Menschen in vielfacher Hinsicht »Gemeinschaft« und die Möglichkeit der Identitätskonstruktion verloren. In diese Lücke stieß das Konzept der Nation. Sie schenkt Identität, Zugehörigkeit, in gewisser Weise Geborgenheit.

Das Konzept von Nation hatte einen weiteren wichtigen Effekt, und das ist der *dritte Punkt*: Es vermochte, die Utopie der Gleichheit in die Realpolitik zu holen. Es war daher kein Geburtsfehler, wie manchmal gesagt wird, dass die Französische Revolution die

Hedwig Richter

Idee der Volkssouveränität mit Nation verband. Nation ermöglichte durch ihren Egalisierungsprozess moderne Legitimation, die eng mit Selbstregierung und Volkssouveränität verbunden ist; denn Nation beruht immer auf den Massen – weswegen auch Konservative dem Konzept »Nation« lange Zeit mit Misstrauen begegneten. Nation machte auch die Fiktion des Volkskörpers verständlich, von der einleitend die Rede war.

Anhand von politischen Wahlen (einem wichtigen Element von Demokratie) lässt sich dabei sehr gut beobachten, wie sich das Konzept von Nation entwickelte. Wahlen sind bis heute ein starker Ausdruck der politischen Egalität und der Volksherrschaft. Sie plausibilisieren die Idee von Gleichheit und von Selbstregierung. Wir hatten gesehen, wie wenig sich die Bevölkerung zunächst, zu Beginn des 19. Jahrhunderts, für Wahlen interessierte. Doch die Attraktivität von Wahlen wuchs mit dem wachsenden Nationalismus. Prägnant zeigte sich die Veränderung von 1848 in Deutschland.

Wahlen waren nun ein Akt der Inklusion und nationalen Einheit. Im *Augsburger Tageblatt* warb 1848 ein Kandidat am Tag vor den Wahlen: »Aufruf an Aufruf drängt sich im lieben Vaterland, Versammlung auf Versammlung wird gehalten, um allen Klassen der Gesellschaft den Ernst und die Wichtigkeit [...] an das Herz zu legen. Mit Stolz soll jeder Deutsche auf eine Versammlung blicken, die der reife Volkswille bestellte«.[8] Deutlich wird mit der Revolution von 1848/49 auch, dass die Plausibilisierung von Repräsentation stark durch Nationalismus unterstützt wurde. Insgesamt lässt sich sagen: Nation vermochte es, die abstrakte Idee der universellen Gleichheit in die Realpolitik zu holen.

Bemerkenswert ist dabei die enge Verbindung mit Männlichkeit. Egalitäre Bürgerschaft, Waffentragen, Männlichkeit, Nation verbanden sich alle intensiv mit Demokratisierung. Partizipative Herrschaftsformen und Demokratisierungsprozesse verzichteten keineswegs auf ein ausgezeichnetes Legitimationsmittel: Männlichkeit.

Doch auch wenn die 1840er Jahre im nordatlantischen Raum eine entscheidende Zeit zur Ausbreitung des Massenwahlrechts waren, die Massenpolitisierung kam erst im letzten Drittel des 19. Jahrhunderts.

Mit dem Nationalismus wuchs in der ganzen nordatlantischen Welt die Massenpolitisierung, und die Demokratisierung schritt voran. Die Phänomene sind eng miteinander verwoben. In Deutschland durchdrang der Nationalgedanke die Massen so richtig nach dem Sieg gegen Frankreich 1871. Nun, mit der Reichsgründung, wurde Deutschland ja erst zu einer vereinten Nation. Der Nationalismus veränderte sich gegen Ende des Jahrhunderts und wurde immer aggressiver. Auch wenn er nie eindeutig war, so hatte er doch in der Mitte des Jahrhunderts eher liberale Tendenzen und um 1900 aggressivere Formen. Die Nation verlangte nun ein Bekenntnis.

In den USA begannen die Menschen ebenfalls in dieser Zeit sich verstärkt als »Nation« zu verstehen. Entscheidend war dafür der Bürgerkrieg gewesen; wie in Deutschland und vielen anderen Staaten hatte auch hier der Krieg zur Nationswerdung beigetragen. Es ist auch sonst erstaunlich, wie parallel die Entwicklungen international verliefen.

Und noch ein *vierter und letzter Punkt* soll genannt werden, warum Nation für Demokratisierung wichtig war: Die Nation diente der Bildung eines effizienten Staats, auf den Demokratien angewiesen sind. Der amerikanische Politikwissenschaftler

Hedwig Richter

Mark E. Warren betont die enge Verbindung von gutem Staat und Demokratie und bezeichnet den Staat ganz generell als »Vorgänger moderner Demokratie«; ohne ihn seien Demokratien nicht möglich. Die seit dem 18. Jahrhundert installierten Verfassungen hätten dafür gesorgt, staatliche Macht zu limitieren und zu zähmen, um damit Freiheitsrechte der Bürger zu ermöglichen.[9] Der Erfolg von stabilen Demokratien lässt sich wesentlich auf den Charakter des modernen Staats zurückführen: seine Organisationsfähigkeit, seine Selbstbeschränkung und eine politische Verfasstheit, die die Bevölkerung ins politische Leben einbezieht.

Diese Staaten konnten in ganz neuem Ausmaß Steuern eintreiben und das gesamte Territorium mit Verwaltung und Infrastruktur durchdringen. Dabei lässt sich die Integrationskraft von Staaten nicht ohne das Konzept von Nation erklären. Mit *Eric Hobsbawm* kann man »Nation« als Erfindung politischer Eliten zur Festigung ihrer Machtinteressen interpretieren.[10] Doch der Nationalismus war keineswegs eine reine Top-Down-Bewegung. Die Staaten waren so stark, weil sich die Mehrheiten über den Nationalismus mit ihm identifizierten und weil die Staaten durch die Zustimmung der Massen ganz neu legitimiert waren. Der Staat war nun keine ferne oder gar feindliche Macht mehr, sondern ein sehr großer Teil der Bevölkerung verstand sich als Teil des Staates.

Zu den wenigen, die auf die enge Verbindung von Nation und Demokratie hinweisen, gehört der Philosoph *Charles Taylor.* Er macht auch deutlich, wie stark Demokratie diszipliniert (Zitat): »Der traditionelle Despotismus musste nur Sorge tragen, dass die Menschen passiv blieben und die Gesetze befolgten. Eine Demokratie [...]«, so Taylor weiter, »muss mehr verlangen. Für sie ist es erforderlich, dass ihre Mitglieder motiviert sind, die notwendigen Beiträge zu leisten: zum Staatshaushalt (in Steuern), manchmal Blut (im Kriegsfall) und stets in einem bestimmten Grad in der Form von Teilnahme am Regierungsgeschehen.« Und dann kommt ein entscheidender Hinweis: »Eine freie Gesellschaft muss an die Stelle despotischen Zwangs ein gewisses Maß an Selbstzwang setzen. Wo dies nicht gelingt, ist das System in Gefahr.«[11]

Die Nation als »imagined political community« war ein überaus wirkmächtigstes Instrument, um den Gleichheitsglauben, die Selbstdisziplin und die Integration der Bevölkerung zu befördern. Das Zusammengehörigkeitsgefühl, das Nation erzeugt, bot die Grundlage für eine gemeinsame Politik, für Vertrauen, für den Sozialstaat. Denn Nation lässt es plausibel erscheinen, dass eine Bürgerin in Leipzig die Sozialhilfe eines Bürgers im Schwarzwald mitfinanziert.

Dabei lässt sich das Paradox beobachten, dass sich Demokratien fast immer innerhalb von Nationen entwickeln, dass aber zugleich die Demokratiegeschichte international stark parallel verläuft. Das zeigte sich beispielhaft im Partizipationsschub in den Jahrzehnten vor dem Ersten Weltkrieg, den der Nationalismus beförderte. In wenigen Jahren um 1870 wurde in vielen Ländern die staatsrechtliche Grundlage dafür gelegt: in Großbritannien, im ersten deutschen Nationalstaat, in Frankreich, Schweden, Norwegen, Österreich und Ungarn – und auch (wenige Zeit später als in Deutschland) in den USA und so weiter.

In dieser Interpretation findet nicht nur die strahlende Seite der Demokratie ihren Platz. Zur Inklusionskraft gehört die brutale Gewalt der nationalen Idee. Die neuen, hochpotenten Staaten mit ihrer starken Bevölkerung ermöglichten den Kolonialismus. Sie setzten auch die Weltkriege mit einer unvorstellbaren Zerstö-

Hedwig Richter

rungskraft ins Werk. Und der NS-Staat wäre ohne die Euphorie und die hohe Inklusion der deutschen Bevölkerung nicht möglich gewesen. Denn Inklusion kann zugleich die aggressive Exklusion befördern. Die Inklusionskraft ermöglicht die immer drohende populistische Tendenz von Demokratie. Nach den Weltkriegen und nach den Verbrechen des Nationalsozialismus wurde daher die Kritik am Konzept von Nation besonders laut. So mahnte *Karl Popper* beispielhaft vor der Instinkthaftigkeit des Nationalismus: Nationalismus, so musste *Popper* konstatieren, befördere eine kollektive Verantwortungslosigkeit; er sei eine irrationale und gefährliche Utopie.[12]

Gelassenheit statt Untergangsgesängen

Zuletzt sollen die drei historischen Schwerpunkte nochmal im Hinblick auf die eingangs genannten Probleme befragt werden. *Zunächst* zur Bedeutung der Eliten: Demokratie bedarf immer der Mitwirkung der Eliten, seien es Bildungseliten, Besitzeliten oder zunehmend auch technokratische Eliten. Wenn sie gegen die Demokratie ankämpfen – wie es in Weimar in großen Teilen der Fall war –, wird es schwer für Demokratie. Demokratie ist darauf angewiesen, dass Eliten sich einbringen. In der Corona-Krise waren das etwa Wissenschaftlerinnen und Wissenschaftler. Aber auch bei vielen anderen Fragen ist es eben nicht undemokratisch, wenn sich Bildungs- und sonstige Eliten engagieren und mitmischen: bei Fragen einer geschlechtergerechten Sprache etwa, beim Umgang mit Diversität, beim Bau von Europa. Es ist nicht undemokratisch, dass die Regierenden zuweilen ein wenig abgehoben sind und in Hinterzimmern nach Lösungen suchen. Das Prinzip der Repräsentation zielt ja genau darauf ab: dass die Regierenden mit einem gewissen Abstand, mit einer gewissen Ruhe und mit Kompetenz ihre Arbeit tun können.

Demokratie ist dennoch ganz grundlegend auf Mehrheiten angewiesen. Sie gründet auf der Bevölkerung. Und häufig wurde sie von den unteren Schichten erkämpft und eingefordert. Demokratie ist diejenige Staatsform, die inkludiert – politisch, aber eben auch sozial.

Das führt zum *zweiten Punkt*: Die Bedeutung von sozialer Gerechtigkeit und von Wohlstand. Die Idee der Gleichheit ist so abstrakt, sie war so revolutionär, dass sie plausibilisiert werden musste. Dafür ist die soziale Inklusion notwendig. Das Lebensniveau der Menschen musste einem Mindeststandard entsprechen – erstens, um als Gleiche anerkannt werden zu können; zweitens, um als Gleiche am politischen Prozess teilnehmen zu können. Es scheint mir historisch einige Hinweise darauf zu geben, dass die entscheidende Frage dabei nicht die nach der sozialen Ungleichheit ist – sondern vielmehr die nach dem Wohlstandsgrad der Schwächsten in der Gesellschaft: Können diese ein Leben in Würde führen? Was ist notwendig, damit die am wenigsten Privilegierten in der Politik mitmischen können und mitmischen? In jedem Fall bedarf es eines potenten Sozialstaats, um möglichst alle in der Bevölkerung zu inkludieren.

Bisher hat auch Nation zu diesen Inklusionsrevolutionen beigetragen – um zum *dritten Schwerpunkt* zu kommen. Welche Rolle wird sie künftig spielen? Intellektuelle haben immer wieder das Ende der Nation angekündigt. Aber ist Demokratie eben doch darauf angewiesen, wie zuletzt *Aleida Assmann* dargelegt hat? Ist »Nation« nicht nach wie vor ein wichtiger Motor für Solidarität und für ein minimales »Wir-Bewusstsein« *(Böckenförde),* das sich für Demokratien als unabdingbar erweist.[13]

Entscheidend ist wohl, dass sich das Verständnis von Nation – wie schon bisher – weiterentwickelt und offen bleibt für Neues, für Diversität, für Europa, für Migration. Das Konzept von Nation steht exemplarisch für die ambivalente Geschichte der Demokratie: mit ihren gemeinschaftsstiftenden und mit ihren toxischen Aspekten, ihren progressiven und irrationalen Elementen, mit ihrer Inklusion und Exklusion.

Die liberale Demokratie, die sich aus dieser Geschichte herausgebildet hat, ist gewiss die beste Herrschaftsform, um die Würde für alle zu ermöglichen. Aktuell gibt es keine andere Regierungsform, die das auch nur annähernd in diesem Ausmaß ermöglichen könnte. Aber in Demokratie steckt auch die Möglichkeit von Populismus. Daher ist es wichtig, die liberale Demokratie nicht für etwas Selbstverständliches zu nehmen. Daher ist es auch gut, wenn Krisendiskurse geführt werden und auf die Gefährdung der Demokratie hingewiesen wird. Dennoch besteht die Gefahr, dass sich die Krisendiskurse und Untergangsgesänge zu einer self-fulfilling prophecy entfalten. Wenn sie maßlos werden, befeuern sie das grassierende Misstrauen und Verschwörungstheorien – wo doch Demokratie auf Vertrauen angewiesen ist.

Vielleicht wäre es ganz gut, immer mal wieder zur Gelassenheit zu mahnen und darauf hinzuweisen, was die Menschen mit der liberalen Demokratie erreicht haben und was für ein Glück es gerade für die Deutschen ist, in einer freiheitlichen Demokratie leben zu dürfen.

Anmerkungen

1   Reinhart Koselleck, Kritik und Krise. Eine Studie zur Pathogenese der bürgerlichen Welt (1973), Frankfurt 2013, S. 136.

2   Pierre Rosanvallon, Für eine Begriffs- und Problemgeschichte des Politischen, in: Beilage zum Mittelweg 36 6 (2011/12), S. 43–66, hier S. 53.

3   Philip Manow, (Ent-)Demokratisierung der Demokratie, Berlin 2020, S. 29–56.

4   Rudolf Stichweh, Leitgesichtspunkte einer Soziologie der Inklusion und Exklusion, in: ders. u. Paul Windolf (Hg.), Inklusion und Exklusion: Analysen zur Sozialstruktur und sozialen Ungleichheit, Wiesbaden 2009, S. 29–44.

5   Linda Zerilli, Feminist Theory and the Canon of Political Thought, in: John S. Dryzek u. a. (Hg.), Political Theory. The Oxford Handbook, S. 106-124, hier S. 112; vgl. Pateman, C: The Sexual Contract, Stanford, CA, 1988.

6   «Democracy was born with the sense of nationality. The two are inherently linked, and neither can be fully understood apart from this connection.«

7   Dieter Langewiesche, Der gewaltsame Lehrer: Europas Kriege in der Moderne, München 2019, S. 20.

8   Augsburger Tageblatt, 24.4.1848. Für den Hinweis danke ich Susanne Wosnitzka.

9   Mark E. Warren, Democracy and the State, in: John S. Dryzek, Bonnie Honig, Anne Phillips (Hg.), The Oxford Handbook of Political Theory, S. 382–399, hier S. 383.

10 Eric J. Hobsbawm, Nations and Nationalism since 1780. Programme, Myth, Reality, Cambridge 1991.

11 Charles Taylor, Modes of Secularism, in: R. Bhargava (Hg.), Secularism and Its Critics, Delhi 1998, S. 31-53, hier S. 43.

12 Karl R. Popper, The Open Society and its Enemies: The Spell of Plato (Vol. 1); The High Tide of Prophecy: Hegel, Marx, and the Aftermath (Vol. 2), London 1945.

13 David Miller, Citizenship and National Identity, Cambridge 2000; Dirk Jörke: Die Größe der Demokratie. Über die räumliche Dimension von Herrschaft und Partizipation, Berlin 2019.

Rüdiger von Voss

Die Renaissance der Autokraten und Neufaschisten

Wie schwach ist unser Staat?

1. Angriffe auf die Demokratie

Dunkle Wolken ziehen über den westlichen Demokratien auf. Ausgelöst durch tiefgreifende strukturelle Veränderungen lockern sich die tradierten Bindungen an die Wertegemeinschaft, die die demokratische Staatsordnung kennzeichnet und die die soziale Massendemokratie tragen soll. Den überlieferten religiösen Inhalten fehlt die Kraft, die für den Zusammenhalt notwendige Verbindlichkeit herzustellen oder zu gewährleisten. Die für die Demokratie notwendige Stabilität und Kontinuität schwinden zunehmend und verstärken die Abhängigkeit der politischen Repräsentanten von der wechselnden Volksgunst. Die für die gewaltlose parlamentarische Diskussion vorausgesetzte Wert- und Willensgemeinschaft weist Risse auf, die eine Krise des Systems ebenso auslösen wie das offenbar werdende Problem, die Gefolgschaft für die Demokratie zu sichern.

Die Krise der Ordnung und die Krise der Eliten treffen zusammen und lassen »die Demokratie als Herrschaft des Volkes als Einheit über das Volk als Vielheit« ins Zwielicht geraten.[1]

Da die moderne demokratische Ordnung ihre transzendentale Legitimation verloren hat, ist sie in die weltliche Sphäre transponiert worden und zu einem reinen Politikum mutiert. Sie ist »sphinxartig« geworden und kann sich mit anderen religiösen oder gar antireligiösen Systemen verbinden. Selbst Demokratiegegner können somit in das parlamentarische Gebäude einwandern und dieses für ihre ideologischen Zwecke, samt dem Bezug von Diäten, nutzen.[2]

Der politische Kampf befreit sich von einer den Kampf selbst bindenden und seine Regeln bestimmenden Wertegemeinschaft und verliert damit die für das Leben der Gruppen entscheidende integrierende Funktion.[3] Es ist letztlich die Loslösung von verbindlichen Werten und Regeln, eine »Voraussetzungslosigkeit«, die die Ordnung selbst »verfügbar« macht, zu gleich welchen politischen Zwecken und Zielen. Geschieht dies, so gerät die Rechtsordnung auf nationaler Ebene ebenso ins Wanken wie die internationale Vertragsordnung, das Völkerrecht und die Einhegung von Gewalt und Krieg.

Eine der großen Errungenschaften der Gewinnung von Freiheit, Gerechtigkeit und Demokratie sind konkrete Ideale und normative Inhalte, die den Staat und das politische Handeln legitimieren: »Nur eine Herrschaft, die durch bestimmte normative Gehalte den Willen zur politischen Einheit motiviert, besitzt Autorität.«[4]

Der Angriff gegen die Demokratie und ihre die Grundrechte schützende Verfassung richtet sich gegen die politische Wertegemeinschaft, ohne die es weder eine politische Willensgemeinschaft noch eine Rechtsgemeinschaft gibt.[5] Ohne eine souveräne, an überpositiven Rechtsgrundsätzen orientierte Staatsgewalt besitzt der Staat weder Macht noch Legitimität. Wird sie zerstört, ist der Widerstand sittlich begründet.[6]

Rüdiger von Voss

Die autokratische Ordnung zielt auf die Auflösung der Wertegemeinschaft, verkörpert in der freiheitlichen und sozialen Verfassung und steuert die Krise an. Der tradierte »Contrat social« wird zur »leeren Fiktion« erklärt. Der Demokratie wird der Boden unter den Füßen entzogen. Die diese Ordnung tragenden »alten Eliten« werden als kampfunfähig und dekadent erklärt, die sich bisher nur durch List, Betrug und Berechnung an der Macht haben halten können.

2. Autokratisch-faschistische Herrschaftskonzepte

Der italienische Ökonom und Soziologe *Vilfredo Pareto* (1848–1923) nannte die Demokratie eine »plutokratische Demagogie«, die sich von selbst erledigt[7] und der nichts anderes übrigbleibt, als ihren Platz einer anderen neuen Elite zu überlassen. Konsequent folgt hieraus, dass innerpolitisch zwischen Freund und Feind zu unterscheiden ist, inklusive der realen Möglichkeit des physischen Kampfes.[8]

An die Stelle der Verständigung tritt das Diktat. Zentraler Ansatz autokratisch-faschistischer Herrschaftskonzepte ist die Abwertung der Objektivität und der Vernunft in der politischen Auseinandersetzung. An die Stelle vernunftgeleiteter Sachlichkeit und Objektivität rückt eine Stilisierung der Auseinandersetzung über Existenzfragen.

Eindrücklich hat dies *Adolf Hitler* selbst in »Mein Kampf« formuliert: »Es besteht die Kunst aller wahrhaft großen Volksführer zu allen Zeiten in erster Linie mit darin, die Aufmerksamkeit eines Volkes nicht zu zersplittern, sondern immer auf einen einzigen Gegner zu konzentrieren. Je einheitlicher dieser Einsatz des

Kampfeswillens eines Volkes stattfindet, umso größer wird die magnetische Anziehungskraft einer Bewegung sein, und umso gewaltiger die Wucht des Stoßes. Es gehört zur Genialität eines großen Führers, selbst auseinanderliegende Gegner als nur zu einer Kategorie gehörend erscheinen zu lassen, weil die Erkenntnis verschiedener Feinde bei schwächlichen und unsicheren Charakteren nur zu leicht zum Anfang des Zweifels am eigenen Recht führt. Sowie die schwankende Menge sich im Kampf gegen zu viele Feinde sieht, wird sich sofort die Objektivität einstellen und die Frage aufwerfen, ob wirklich alle anderen unrecht haben und nur das eigene Volk oder die eigene Bewegung sich allein im Recht befände?«

Christian Graf Krockow, der diese Hitler-Elaborate zitiert[9], weist zutreffend darauf hin, dass sich der Antisemitismus für diese am Kampf orientierte Vereinheitlichung des Feindes als besonders brauchbar erwies. Die Diskreditierung der Vernunft und Objektivität führt zudem zu einer Emotionalisierung im Freund-Feind-Verhältnis. Die Emotionalisierung des politischen Kampfes ist dann Ausgangpunkt dafür, den Kampf selbst zu einem »Mythos«, d. h. zu einer Erzählung aus der Vorzeit eines Volkes, zu einer Sache legendären Charakters, als Ausdruck eines inneren wie äußeren Weltbildes des Menschen einer bestimmten Zeit bzw. einer Person werden zu lassen.[10]

Das schließt ein, dass die »Erzählung« selbst gegen andere Narrative abgegrenzt wird, die Grenzen der Geschichte transzendiert werden und somit eine Welt beschreiben, die eine neue Realität verspricht, in der es dann »vernünftig« und »gerecht« zugeht.[11]

Die Konzentration des »Stoßes« kann sich dann beliebig gegen Feinde richten, sei es gegen die »Juden«, die »Moslems«, die »Zigeuner«, gegen die Fremden insgesamt, gegen den Kommu-

Rüdiger von Voss

nismus-Sozialismus, gegen die kapitalistische Plutokratie, gegen wen auch immer. Wenn die Sammlung der Gläubigen funktioniert, reicht schon der »Mythos« aus, um den Angriff oder die für den Kampf nötige Aggressivität auszulösen. »Make America great again« ist dann Mythos und Kampf zugleich.

Krockow weist auch auf die Rede von *Benito Mussolini* (1883–1945) hin, die dieser am Vorabend des Marsches auf Rom am 25. Oktober 1922 in Neapel gehalten hat. Dort sagt er: »Wir haben unseren Mythos geschaffen. Der Mythos ist ein Glaube, ein edler Enthusiasmus. Es ist nicht notwendig, dass er eine Wirklichkeit sei [...]«.[12]

Die »Propaganda der Tat« und die Feindschaft gegen die parlamentarische Demokratie also sind die Eckpunkte faschistoiden Denkens und eines politischen Handelns, das Gewalt nicht ausschließt, wenn diese zum gesetzten Ziel führt. Der »Marsch auf Rom« wird dann zum »Marsch auf das Kapitol«, der in Gewalt einmündet. Indem der Marsch selbst als politische Tat verstanden wird, wird die Absicht deutlich, die Ohnmacht des Angegriffenen sichtbar vorzuführen und den Unterworfenen in das eiserne Band des Terrors einzuspannen. Es soll mit dem Terror der Angegriffene isoliert und seine politische Abwehraktion unmöglich gemacht werden. Damit vollzieht sich der qualitative Sprung vom faschistischen Denken zur tatsächlichen Gewalt in der politischen Auseinandersetzung.[13]

3. Der neue Faschismus

Der italienische Schriftsteller *Primo Levi* (1919–1987) hat formuliert: »Jedes Zeitalter hat seinen eigenen Faschismus.« Dieser von der ehemaligen amerikanischen Außenministerin *Madeleine*

Albright zitierte Satz ist am Ende ihrer Analyse der Amtszeit des amerikanischen Präsidenten *Donald Trump* in ihrem im August 2019 erschienenen Buch »Faschismus – Eine Warnung« zu finden.[14] Es ist eine Analyse der Erscheinungsformen des Faschismus, die höchste Aufmerksamkeit verdient, wenn man neu auftretende Gefahren für den Bestand der repräsentativen Demokratie erkennen und richtig einschätzen will. Dieser »Neo-Faschismus«, dessen historische Wurzeln bis in die französische Konterrevolution und die deutsche Romantik zurückreichen, taucht seit dem Ende des Ersten Weltkrieges in fast allen europäischen Völkern auf – und jetzt erneut. Es sind die soziale Massendemokratie und die Auseinandersetzung der Parteien (Parteiismus) sowie die Führerauswahl des Parlamentarismus, die die Kritik der Neofaschisten an der modernen Demokratie beherrschen.[15]

Der Faschismus freilich basiert auf einem »sinnentleerten« Staatsbegriff, der ausschließlich in den Dienst von Unterwerfung und Gewalt gestellt wird.[16] Das andere Staatsbild, der Gegenentwurf zur sozialen Massendemokratie ist die »Herrschaft der Besten«, mit klaren Hierarchien, die erst die Tat mit Sachverstand, Lebensnähe und Vertrautheit mit den Menschen ermöglichen sollen.

Es ist der hierarchisch-korporative Staatsgedanke, der »wahre Staat« *(Othmar Spann),*[17] also nicht die Demokratie, der das Recht und die Freiheit des strömenden Lebens, gestützt auf Instinkt und Intuition, erst ermöglicht. Diese irrationalistische, antibourgeoise Lebensphilosophie eint Konservative wie Kommunisten gleichermaßen. Es ist kein Wunder, wenn sich die Protagonisten solchen Denkens auf *Friedrich Nietzsche, Benedetto Croce, Henri-Louis Bergson,* insbesondere aber auf *Oswald Spengler* und *Carl Schmitt* berufen.

Rüdiger von Voss

Schmitt formulierte: »Politisches Denken und politischer Instinkt bewähren sich [...] theoretisch und praktisch an der Fähigkeit, Freund und Feind zu unterscheiden. Die Höhepunkte der großen Politik sind zugleich die Augenblicke, in denen der Feind in konkreter Deutlichkeit als Feind erblickt wird [...]«[18] Vor einer, nicht nur im technischen, sondern im vitalen Sinne unmittelbaren Demokratie erscheint das aus liberalen Gedankengängen entstandene Parlament als eine künstliche Maschinerie, während diktatorische und cäsaristische Methoden nicht nur von der »acclamatio« des Volkes getragen, sondern auch unmittelbare Äußerungen demokratischer Kraft und Substanz sein können. Der Führer befiehlt – und wir folgen, das ist die Konsequenz!

Die gegen die Massendemokratie gerichtete politische Denkweise erzwingt eine neue egalitäre Elite und ebenso die Bereitschaft, sich der damit verbundenen Rechtsidee des »wahren Staates« und der damit verbundenen physischen Forderung zu unterwerfen: also gegen die »dekadente Demokratie«. Gemeint sind damit die Alt-Parteien, das alte Wahlrecht, die Journalisten, die Ausländer – je nach Geschmack! Mit *Carl Schmitt* weitergedacht, folgt hieraus, dass die faschistische Diktatur zur wahren Demokratie erklärt wird.[19]

Spenglers radikal-pessimistische Staatsauffassung[20] vom Untergang des Abendlandes hat insoweit immer noch eine Gefolgschaft wie die Vorstellung von einem neuen Reich eines ewigen Deutschlands, die im Umkreis von *Stefan George* herumgeisterte.[21] Der Schritt zum Schädeleinschlagen ist schnell getan, wenn die Proportionen politischen Handelns außer Kontrolle geraten.

Die Verachtung des Westens, der Errungenschaften einer durch Vernunft und durch die Grundrechte disziplinierten Herr-

schaftsausübung findet dann Eingang in das Denken von Aktivisten wie des Beraters des US-Präsidenten *Donald Trump,* des
ehemaligen Marinesoldaten, Investmentbankers und Publizis-
ten *Steve Bannon,* der sich ausdrücklich auf *Nietzsche, Spengler*
und *Schmitt* beruft. Er sagte einem westlichen Gesprächspart-
ner: »Ihr seid auf der falschen Seite der Straße. Wir werden Euch
besiegen!«[22]

4. Was zählt der Mensch?

Eines der typischen Kennzeichen autokratischer oder faschisti-
scher Programme ist die innere Leere und Ödnis der Vorstellungen des menschlichen Miteinander. Der Glaube an Tatsachen
und Gesetze in Verfolgung des positivistischen Staatsbegriffs[23]
führte seit der zweiten Hälfte des 19. Jahrhunderts zu einem
Zusammenbruch des ethisch-politischen Bewusstseins. Die Religion ist für tot erklärt und damit auch die Bereitschaft, politische
Herrschaft an ethische Voraussetzungen zu binden, denn nur so
kann auf das Individuum zugegriffen werden.

Mussolinis Formel vom totalitären Staat lautete: »Nichts außerhalb des Staates, nichts gegen den Staat, alles für den Staat!«[24] Es
ist also nicht ein Programm, sondern der feste Wille zur Herrschaft und zur Macht, die keinerlei rationale Begründung erforderlich macht. Im Parteistatut der faschistischen Bewegung vom
November 1921 heißt es: »L'Atto precedette sempre la norma« –
Der Akt geht stets der Norm voraus! Das machtlose Recht wird
durch die rechtlose Macht ersetzt. Das Dekret, der Akt im Aus-
nahmezustand, tritt an die Stelle des verfassungsmäßigen Geset-
zes. Verwaltung und Justiz werden in den Dienst des autoritären
Staates gestellt – wie sich dies in Polen, in Russland, in der Türkei schon wieder alltäglich zeigt.

Rüdiger von Voss

Die Forderung *Mussolinis* in seiner Rede in Undine am 20. September 1922 lautete: »Unser Programm ist sehr einfach: Wir wollen Italien regieren!«[25] Zugleich erinnerte er an die zu Helden erklärten italienischen Frontkämpfer und ihren Ruf: »Italia a noi« – Italien für uns! Hier zeigt sich eine strikte Ausrichtung auf einen radikal verstandenen Nationalismus, eine Gleichsetzung von Staat und Nation, dem der nächste Schritt folgt: »Unser Mythos ist die Nation, unser Glaube ist die Größe der Nation.«[26] Kein Wunder, wenn dann auf einem Plakat zu lesen war: »Faschismus ist die Religion vom Vaterland.«

Die Parole »America first!« und »Italien für uns« liegen nicht weit auseinander. *Donald Trump* hinterlässt eine düstere Spur faschistoider Vorstellungen von Politik. Zusammengefasst geht es also um die mythologisch aufgeladene Definition des Staates in einer unbedingten Realität, der vor der Gewalt nicht zurückscheut. Die aus diesem Staatsverständnis abzuleitende Gewaltmoral findet sich in der Rede *Mussolinis* vom 6. Februar 1928: »Den Dolch zwischen den Zähnen, die Bomben in den Händen und eine souveräne Verachtung der Gefahr im Herzen.«[27]

Die Verletzung der Normen und Proportionen, der tradierten Leitplanken der demokratischen Ordnung sind integraler Bestandteil der Erzeugung eines »Kriegszustandes« gegen die alte Ordnung, gegen Verwaltung, Justiz, Medien und den politischen Gegner insgesamt. Ein strategischer Aufmarsch kündigt sich an, der zeigt, wie die Demokratie in Gefahr geraten ist.[28]

Ein Schaubild autoritärer Regime heute reicht von Südamerika (Argentinien, Ecuador, Peru, Venezuela) über Europa (Polen, Ungarn) bis zur Türkei, Ägypten, Russland bis nach Asien (Nordkorea, China). Die Beispiele autoritärer Regime liefern das Material für »schlimme Träume«, vom Versagen der Verteidigungsfähigkeit der Demokratien und ihrer Ordnung im Interesse von Freiheit, Gerechtigkeit und Frieden.[29]

5. Cyberwar

Eine systemische neue Bedrohung der Demokratie zeichnet sich ab in der Nutzung von Nachrichten, von Fehlinformationen, von Verschwörungstheorien mittels der neuen Medien für politische Zwecke. Medienerzeugnisse auf den Plattformen haben sich zu einem Geschäftsmodell entwickelt, das mit dem Begriff des »Datenkapitalismus« zutreffend bezeichnet wird. Transnationale Datensammler wie Facebook und Google sind nicht nur zu globalen Playern unter den grenzüberschreitenden Konzernen geworden. Sie sind inzwischen zu Unternehmen herangewachsen, deren Kapitalstärke mit mittelgroßen Staaten konkurriert und die entsprechenden Druck ausüben können.

Hinzu kommen internetkompatible militärische Kampfeinheiten, die über ein Waffenarsenal verfügen, das kriegstauglich ist und dem politischen Gegner schwerste Schäden an deren Infrastrukturen, insbesondere in der Telekommunikation, Energieversorgung, Verkehrsstruktur, in dem gesamten Bereich der sozialen Sicherung und der Versorgung auf allen Gebieten zufügen kann.[30] Die modernen Armeen verfügen über ein Arsenal von medialen Waffensystemen, die kriegerische Auseinandersetzungen möglich machen, ohne einen Schuss abzugeben oder feindliches Territorium zu betreten. Propaganda, Infiltration mit Nachrichten, Manipulation und Polarisierung durch Desinformationen sind Stichworte einer strukturellen Gefährdung der Demokratie mit völlig neuen Dimensionen, die alle bisher geltenden rechtlichen Barrieren überspringen oder einreißen können. Der Raub von Urheberrechten, Patenten, Erfindungen und

Rüdiger von Voss

sonstigen kulturell wichtigen Erzeugnissen sind ein weiterer Teil einer politisch-ökonomischen Ausbeutung, die heute schon milliardenschwere Schäden nach sich ziehen.

Die Algorithmen der Plattformen repräsentieren einen Machtfaktor, gegen den buchstäblich kein politisches Kraut gewachsen ist, der den Rechtsstaat wie das internationale Rechtsgefüge ausheben kann und beides außer Funktion zu setzen im Stande ist.[31] Die Verfassungen der demokratischen Staaten und auch die Institutionen und Verfahren des Rechtsstaates sind, wie sich z. B. in Polen und Ungarn zeigt, keineswegs als »sturmfest« zu bezeichnen.[32]

Brauchte der italienische Faschismus *Mussolinis* nach dem Marsch auf Rom am 28. Oktober 1922 nur noch den Staat und die Verwaltung des Königreiches Italien zu erobern, so reicht heute eine mediengestützte Desinformation und Hasspropaganda aus, um tausende gewaltbereite Menschen zum Sturm auf das Kapitol am 6. Januar 2021 zu hetzen. Facebook, Twitter und Youtube hatten die propagandistische und zugleich organisatorische Vorbereitung möglich gemacht, und Amerika steht prompt vor den Trümmern ihrer stolzen Demokratie.[33]

Die Führungen der westlichen Demokratien haben ohne jeden Zweifel zu spät erkannt, welche brisante Machtzusammenballungen sich außerhalb der staatlichen Infrastruktur mit den neuen Medienplattformen und deren entsprechenden technologischen Kapazitäten aufgebaut hat. Gleiches gilt für Digitalisierung staatlicher Verwaltungsabläufe und den Datenaustausch.[34]

Im Verhältnis der Staaten zueinander gibt es inzwischen Machtverschiebungen in diesen Bereichen politischer Handlungsparameter, die nicht mehr ausgeglichen werden können, zumal

die wettbewerbsrechtlichen und die Möglichkeiten des Kartell-
rechts, mit denen sich Machtzusammenballungen dieser Art
verhindern ließen, höchst dürftig sind. Von einem Zusammenspiel von Kapitalmacht und Handlungsmacht ist hier die Rede,
die demokratische Prozesse außer Funktion setzen kann. Auf
der anderen Seite gibt es militante Online-Einheiten wie z. B.
den Online-Kult QAnon und auf der anderen Seite unsichtbare
Online-Einheiten, die zu wirtschaftlich relevanten wie militä-
risch wirksamen Interventionen fähig sind[35] – deutsche Unternehmen erleben das bereits täglich.

Die tradierte Struktur demokratischer Staaten steht diesen
Drohpotenzialen weitgehend hilflos gegenüber, nicht zuletzt
deshalb, weil der hier bezeichnete Gegner autokratisch-hier-
archisch geführt wird und das den parlamentarischen Prozess
obsolet werden lässt. *George Orwells* Roman »1984« aus dem Jahr
1949 mit dem Schreckensszenario von Unterdrückung, totaler
Überwachung, Spitzelei und Wahrheitsfälschung mutet heute
schon als eine harmlose Darstellung der Schrecknisse des Terrors der Diktaturen von *Stalin* und *Hitler* an.[36] »Big Brother«
symbolisiert eine moderne Variante der »totalitären Versuchung«
(Hannah Arendt), die uns zunehmend umklammert. Würde man
Mikrochips gleich welcher Art in die Menschen einpflanzen,
wäre der totale Überwachungsstaat erreichbar und kaum noch
kontrollierbar.[37]

Die autokratischen, neofaschistischen Bewegungen sind bereits
handelnde Faktoren einer zunehmend manipulierten Gesellschaft und eines angestrebten »schwachen Staates«.[30] *Elias Canetti*
weist in seiner Studie »Masse und Macht« ausdrücklich darauf hin, dass das Zwei-Parteien-System in der psychologischen
Struktur miteinander kämpfenden Heeren gleicht. Vorausgesetzt
wird hierbei, dass parlamentarische Abstimmungen nicht (!) in

einen Bürgerkrieg umschlagen, weil eine Mehrheit obsiegt hat. Zu beobachten ist heute, dass auch die Grenzen des parlamentarischen Systems überschritten werden, wenn die Mehrheitsentscheidung nicht mehr akzeptiert wird.

Mit dem Außerkraftsetzen der demokratietypischen Konventionen und Fairnessregeln wächst die Gefahr des Entstehens eines »kulturellen Traumas« *(Jeffrey Alexander)* und die Angst, einer nicht mehr beherrschbaren Veränderung der Staats- und Wirtschaftsordnung ausgeliefert zu sein.[39] Schon die politisch geplante Entrüstung, hasserfüllte Beschwörungen und Versprechungen setzten die Nationalsozialisten und der linke Flügel der Gaullisten zum Angriff gegen die politischen Gegner ein und mobilisierten erfolgreich die Massen zu ihren Zwecken.[40]

Längst schon ist der Gesetzgeber aufgefordert, soziale Netzwerke stärker zu regulieren, um Hetze, Hass und Falschmeldungen im Netz zu verhindern. Es müssen Regeln und Sanktionen sein, die die Funktionsfähigkeit des demokratischen Staates gewährleisten und die demokratische Ordnung vor Rechtsmissbrauch und gewalttätigen Interventionen zu schützen im Stande sind.

Notwehr und Widerstand gegen neue Erscheinungsformen einer schrittweisen Aushöhlung der Ordnung des freiheitlich-demokratischen Staates erfahren angesichts dieser sichtbaren Gefahren eine neue Rechtfertigung. Die streitbare Demokratie ist schon dann gefordert, wenn sich Gewalt ankündigt. Dies ist die wichtigste Lehre aus dem Widerstand gegen die nationalsozialistische Diktatur.

Folgt man der These des Staatsrechtlers *Gerhard Leibholz,*[41] dass der Totalitarismus nicht nur eine »Organisationsform« *(Hannah Arendt),* sondern die logische Folge des modernen Säkularismus ist,[42] dann wird sich die Demokratie in der Auseinandersetzung mit den Neo-Autoritären, den Identitären und Neofaschisten vorderhand geistig neu bewähren müssen.

Das Grundgesetz der Bundesrepublik ist keine werteneutrale Ordnung, sondern beinhaltet eine objektive Wertordnung, die auf die Würde des Menschen ausgerichtet ist. Damit ist klar, dass alles getan werden muss, um Angriffe auf die Menschenwürde, Erniedrigungen, Verfolgungen und Ächtungen jeder Art abzuwehren.

Es muss von den Bürgern begriffen werden, dass die Verbreitung von Hass, organisiertes Lügen sowie die gezielte Spaltung der Gesellschaft potenziell gewaltsam sind und totalitärer Herrschaft Vorschub leisten. Politische Macht schlägt dann um in hemmungslose Gewalttätigkeit. Zivilcourage muss von Bürgern schon am Anfang einer solchen Entwicklung bewiesen werden. »Verfassungsschutz« als Akt der »streitbaren Demokratie« bedarf der Unterstützung durch den Staatsbürger.

Die Republik von Weimar ist daran zugrunde gegangen, dass sie keine Gefolgschaft demokratischer Bürger hatte. Es war eine »Republik ohne Republikaner« *(Hagen Schulze).*[43] Dies ist eine Lehre aus dem Scheitern der ersten Demokratie auf deutschem Boden und zugleich ein Vermächtnis, sich zu einem »Ethos der Demokratie« *(K. D. Bracher)* zu bekennen.

6. Grenzen aufzeigen!

Blickt man auf Deutschland, so zeigen sich an der Front der rechtsextremen Organisationen und bei den Rechtspopulisten die hier dargestellten Infragestellungen der tradierten demokratischen Ordnung von Staat und Gesellschaft. Mit zunehmender Aggressivität stellen sie, über ihre diversen Organisationen hinweg, die »Systemfrage«.

Es ist der Versuch der Gleichsetzung der heutigen Regierung mit dem Obrigkeitsstaat der Vormärzzeit, d. h. der Zeit von 1830 bis 1848/49, mit der Absicht, die Bundesrepublik mit dem autoritären Staat auf eine Stufe zu stellen. Verbunden damit besetzen sie das Hambacher Fest vom Mai 1832 sowie die Geschichte des Widerstandes und erheben Stauffenberg zur Leitfigur der AfD als Widerstandsbewegung und die sogenannte *Wirmer*-Fahne[44] zum Kennzeichen ihrer Propaganda.[45]

Das Motto der Bürgerbewegung »Wir sind das Volk!« wird nun zum Leitmotto eines völkisch-nationalistischen Beutezuges. Einer Politik, die dann in den Ausruf von *Alexander Gauland* nach der letzten Bundestagswahl am 24. September 2017 einmündete und lautete: »Man muss uns diese zwölf Jahre (d. h. der Nazi-Zeit, d. Verf.) nicht mehr vorhalten. Sie betreffen unsere Identität heute nicht mehr. Und das sprechen wir auch aus. Deshalb haben wir auch das Recht, uns nicht nur unser Land, sondern auch unsere Vergangenheit zurückzuholen.« Er fährt dann fort: »Wenn die Franzosen zu Recht stolz auf ihren Kaiser sind und die Briten auf *Nelson* und *Churchill,* haben wir das Recht, stolz zu sein auf die Leistungen deutscher Soldaten in zwei Weltkriegen.« Ordinärer formulierte er am 2. Juni 2018 auf einem Bundeskongress der jungen Alternativen, der Nachwuchsorganisation der AfD, im thüringischen Seebach: »*Hitler* und die Nazis sind nur ein Vogelschiss in unserer über 1000-jährigen Geschichte.«

Diese Aussage ist angesichts der Shoa und von Kriegsverbrechen ein Skandal und politisch nicht hinnehmbar. Es handelt sich um den Versuch einer »geschichtspolitischen Erinnerungswende«, um einen politischen Angriff auf das Identitätsverständnis unserer Republik und auf den inhaltlichen Kernbestand der Verfassung des Grundgesetzes. Konsequent im Angriffsmodus rief *Gauland* in der Nacht der Bundestagswahl 2017, an *Angela Merkel* gerichtet, mit lautem Geschrei: »Wir werden sie jagen und wir werden uns unser Land und unser Volk zurückholen«! Wer so spricht, macht aus Worten eine Waffe, die auf Täter wartet.

Die von ihm titulierte »Kanzler-Diktatorin« habe Deutschland einem »Großen Austausch« ausgesetzt, bei dem Deutsche gegen »Fremde« ausgewechselt würden. Es würde somit eine »Politik der Überflutung« betrieben, die das deutsche Volk allmählich und unaufhaltbar durch eine aus allen Teilen der Erde stammende Bevölkerung ersetzen werde. Alles dies erinnert in verheerender Weise an rassenideologische Parolen des Nationalsozialismus. Unübersehbar ist eine grundlegende Distanz zum Neubeginn nach 1945. Die Demokratiegeschichte und die Politik als Ganzes wären damit vereinnahmt und verschwörungstheoretisch zur Disposition gestellt. Gerade mit Blick auf die Zeit der Nationalsozialistischen Diktatur und auf die sich hierauf vielfach berufenden rechtsextremen Neugruppierungen ist schon längst der Kernbereich unserer Verfassung berührt und aller Anlass gegeben, klare Grenzen der politischen Betätigung aufzuzeigen.

Hinter den sogenannten »Identitären« Bewegungen steht eine neue »Action directe«, die dieses Mal von rechts kommt, die Legitimität der pluralistischen Demokratie in Frage stellt und sich der Solidarität der Demokratie verweigert.[46]

Damit sind Grenzen erreicht, die keine Konzessionen erlauben. Es gibt ein Recht auf Notwehr gegen den Neofaschismus und gegen verfassungsfeindliche Populisten: d. h. eine Verteidigungshandlung, die erforderlich dann wird, wenn ein Angriff

Rüdiger von Voss

gegen die freiheitliche Demokratie, gegen den sozialen Rechtsstaat oder die Solidarität abgewendet werden muss. Es ist Zeit, mehr Entschiedenheit in der Auseinandersetzung zu zeigen und zu begreifen, dass die Neo-Autoritären und Neofaschisten aller Couleur sich gegen das »Kultursystem« der westlichen Demokratie richten.[47] Sie sind die Reaktionäre unserer Zeit.

Anmerkungen

1   Hermann Heller, Europa und der Fascismus, Berlin/Leipzig 1929, S. 7–9; vgl. auch Wolfgang Schieder, Der italienische Faschismus, München 2010; Ernst Nolte, Der Faschismus in seiner Epoche. Action française, italienischer Faschismus, Nationalsozialismus, München 1963.

2   Vgl. Gerhard Leibholz, Strukturprobleme der modernen Demokratie, Karlsruhe 1958. Insbesondere zum Begriff und Wesen der Demokratie, S. 142ff.

3   Hermann Heller, ebd., S. 11.

4   Ebd.

5   Ebd., S. 16f.

6   Vgl. auch Gerhart Niemeyer, Einleitung zu Hermann Heller, Staatslehre, Leiden 1934, S. XIV/XV.

7   Hermann Heller, Europa und der Fascismus, S. 18f., zitiert nach Georges H. Bousquet, Vilfredo Pareto, Paris 1928, S. 34.

8   Carl Schmitt, Probleme der Demokratie, 1928, S. 6; Hermann Heller, Europa und der Fascismus, S. 20; Wolfgang Schieder, Der italienische Faschismus, S. 10ff., 16ff.

9   Zitiert aus: Christian Graf von Krockow, Die Entscheidung – Eine Untersuchung über Ernst Jünger, Carl Schmitt, Martin Heidegger, Stuttgart 1958, S. 44ff., 58ff.

10 Handlexikon für Theologie und Kirche, 2. neu bearb. Auflage des kirchlichen Handlexikons, Freiburg i. B. 1935, 7. Bd., S. 411ff. (Mythologie).

11 Vgl. Mythos/Mythologie in: Die Religion in Geschichte und Gegenwart – Handwörterbuch für Theologie und Religionswissenschaft, Tübingen ³1960, Sp. 1263ff.

12 Vgl. Wolfgang Schieder, Der italienische Faschismus, S. 17ff., 25ff.

13 Krockow, Die Entscheidung, S. 59; Wolfgang Schieder, Benito Mussolini, München 2014; Hans Walter, Mussolini. Der erste Faschist, 2. korrigierte Aufl., München 2016; Majid Sattar (Washington), Gegenseitige Beschuldigung, in: FAZ vom 25.2.2021, Nr. 47, S. 5.

14 Madeleine Albright, Faschismus – Eine Warnung, Köln 2019, S. 243ff., S. 262; Steven Levitsky/Daniel Ziblatt, Wie Demokratien sterben, München 2019.

15 Hermann Heller, Europa und der Fascismus, vgl. zu den Politischen Renaissancen, S. 21ff.

16 Vgl. Hermann Heller, Staatslehre, Leiden 1934, S. 51ff. (Kapitel: Staatslehre und Politik).

17 Othmar Spann, Der wahre Staat, Leipzig 1921.

18 Carl Schmitt, Der Begriff des Politischen, Hamburg ³1933 (1927), S. 48; vgl. auch Christian Graf von Krockow, Churchill. Eine Biographie des 20. Jahrhunderts, Hamburg 2001, S. 50f.

19 Hermann Heller, Staatslehre, S. 22ff., 29ff.; zur faschistischen Diktatur: Wolfgang Schieder, Der italienische Faschismus, S. 58ff.; Hermann Heller, Staatslehre, S. 51ff. [Kapitel: Staatslehre und Politik]; vgl. auch zur faschistischen Diktatur: Carl Schmitt, Verfassungslehre, Berlin ³1928, S. 81f.

20 Oswald Spengler, Der Untergang des Abendlandes, Teil II, München 1922, S. 412ff., 458ff., 500ff., 541ff.

21 Ulrich Raulff, Kreis ohne Meister – Stefan Georges Nachleben, München 2012, insbesondere S. 103, 161, 168ff., 180ff.; Thomas Karlauf/Stefan George, Die Entdeckung des Charismus, München 2008, S 547ff.; Wolfgang Graf Vitzthum, Jüngere Freunde Stefan Georges im Nationalsozialismus, Umrisse eines Gruppenportraits, in: Frank-Lothar Kroll/Rüdiger von Voss (Hg.), Schriftsteller und Widerstand, Facetten und Probleme der Inneren Emigration, Göttingen 2012, S. 245–267; Krockow, Churchill, S. 36ff.

22 Persönlicher Nachweis (Archiv des Verf.); vgl. Joshua Green, Devil's Bargain. Steve Bannon, Donald Trump and the Nationalist Uprising, New York 2017.

23 Krockow, Churchill, S. 19ff., 65ff.; hierzu Hans Kelsen, Allgemeine Staatslehre, Bad Homburg v. d. Höhe, Berlin und Zürich 1966, S. 16ff.; Gustav Radbruch, Gesetzliches Unrecht und übergesetzliches Recht, in: Süddeutsche Juristen-Zeitung 1946, S. 105–108.

24 Hermann Heller, Staatslehre, S. 40f.

25 Ebd., S. 42f.

26 Ebd., S. 45.

27 Ebd., S. 53.

28 Steven Lentsky/Daniel Ziblatt: Wie Demokratien sterben, München 2019.

29 Vgl. Madeleine Albright, Faschismus, S. 263ff.

30 Vgl. etwa: The Use of the Internet for Terrorist Purposes, UNODE – United office of Drogs and Crime (Hg.), UN, New York 2012; Özen Odag, Anna Leiser und Klaus Boehnke: Überprüfung der Rolle des Internets bei Radikalisierungsprozessen, Journal for Deradecalization 21 (2019), S. 261–300; Martin Rud-

ner, »Elektronischer Dschihad«, Das Internet als Katalysator für globalen Terror durch Al-Qaida, Studien zu Konflikt und Terrorismus 40/1 (2017), S. 10–23; Andrew H. Johnston/Gary M. Weiss, Identifizierung sunnitisch-extremistischer Propaganda durch tiefes Lernen, IEEE-Symposium Series on Computational Intelligence (ssci), 1–6, 2017; Andreas Markstädter, Internetkriminalität. Format, Beispiele und Schutzmaßnahmen, (Studienarbeit) 2016.

31 Neue Möglichkeiten eröffnen sich für eine Umgestaltung der Rechtsordnungen, wenn sich die Algorithmisierung in der Justizverwaltung und Rechtsprechung durchsetzt und zu politischen Zwecken missbraucht werden sollte; Jochen Zentköfer, Angst vor Algorithmen-Plädoyers für menschliche Richter in der Justiz, FAZ vom 1.3.2021, Nr. 50, S. 16.

32 Maximilian Steinbeis, Sturmfestes Grundgesetz, in: Elisabeth Niejahr/Grzegorz Nocko (Hg.), Demokratie Verstärker, Frankfurt am Main/New York 2021, S. 57ff.

33 Vgl. zu der Gesamtproblematik die vorzügliche Darstellung von Ben Scott, Deutschland muss Amerika helfen, in: FAZ vom 27.2.2021, Nr. 49, S. 16.

34 Zum Registermodernisierungsgesetz und zur differenzierten Digitalisierung vgl. Vorwärts immer – Großer Schritt für der Digitalisierung des Staates, in: FAZ vom 5.3.2021, Nr. 54, S. 15.

35 A. T. Chatfield, Christopher G. Reddick und Nut Bragawidagda, Propaganda, Radikalisierung und Rekrutierung twittern. Unterstützer des islamischen Staates unterstützen vielseitige Twitter-Netzwerke, Tagungsband der 16. Internationalen Jahreskonferenz für digitale Regierungsforschung, 2015, S. 239–249.

36 Vgl. Bericht: Wie der Staat Bürger überwacht. Erste umfassende Erhebung über Datensammlungen, in: FAZ vom 2.3.2021, Nr. 51, S. 16.

37 Vgl. Kai Spanke, Vom Tycoon zum Altruisten, in: FAZ vom 2.3.2021, Nr. 51, S. 9.

38 Elias Canetti, Masse und Macht, 2 Bde., München 1960, Bd. 1, S. 208 ff.; Gustave le Bon, Psychologie der Massen, mit einer Einführung von Helmut Dingeldey, Stuttgart 1957, insb. Bd. 3, 4. und 5. Kapitel, S. 150ff., 161ff.

39 Vgl. John Kornblum, Die Entdeckung eines neuen sozialen Narrativs verändert die Welt, in: Marie-Christine Ostermann u. a. (Hg.), Zukunftsrepublik, Frankfurt am Main/New York 2021, S. 244 ff., 247.

40 Vgl. Bericht: Hetze in Sozialnetzwerken – Steinmeier warnt, in: FAZ vom 2.3.2021, Nr. 51, S. 13.

41 Gerhard Leibholz, Zum Begriff und Wesen der Demokratie, in: Strukturprobleme der modernen Demokratie, Karlsruhe 1958, S. 142ff.

42 Gerhard Leibholz/Hans-Justus Rink, Grundgesetz/Kommentaren, Hand der Rechtsprechung des Bundesverfassungsgerichts, Köln-Marienburg 1966, S. 40ff.

43 Hagen Schulze, Weimar. Deutschland 1917–1933, Berlin 1982, S. 421f.

44 Die Wirmer-Fahne ist ein Entwurf einer Nationalfahne von dem Widerstands-kämpfer Josef Wirmer, die nach einem erfolgreichen Attentat gegen Hitler und dem anschließenden Übergang der Macht zur neuen Flagge Deutschlands werden sollte; Jan Schlürmann, Die »Wirmer-Flagge« – die wechselhafte Geschichte eines vergessenen Symbols der deutschen Christlichen Demokratie, in: Historisch-Politische Mitteilungen, Archiv für Christlich-Demokratische Politik, Nr. 22 (2025), S. 331-342.

45 Der Antrag der Bundestagsfraktion vom 19. Februar 2021 (BT Drucksache 19/26841) zur Schaffung eines Erinnerungsorts für die Widerstandskämpfer des 20. Juli 1944 auf dem ehemaligen Flugplatz Rangsdorf ist der blanke Versuch, sich geschichtspolitisch auf den Widerstand berufen zu können.

46 Wolfgang Thierse, Wie viel Identität verträgt die Gesellschaft, in: FAZ vom 22.2.2021, Nr. 44, S. 9.

47 Hermann Heller, Staatslehre, S. 85. Vgl. jüngst auch Hans Vorländer, Wie belastbar ist die Demokratie, in: FAZ vom 9.8.2021, Nr. 182, S. 6.

Karl-Rudolf Korte

Demokratie in Pandemiezeiten

Beobachtungen zum »Superwahljahr« 2021

Bundestagswahlen sind Entscheidungen über die Lage der Nation. Wahlkämpfe sind Hochfeste der Demokratie. Zumindest ist das die Annahme, wenn man intensivierte politische Kommunikation als Diskurstreiber einer offenen, liberalen Gesellschaft annimmt. Nie sind Bürgerinnen und Bürger so gut politisch informiert und interessiert wie in Superwahljahren. Die Parteien zielen auf die Maximierung von Wählerstimmen, um viele Mandate im Bundestag zu gewinnen, die wiederum für eine Regierungsbildung notwendig sind.

Dem sozialpsychologischen Modell des Wählerverhaltens folgend entwickelt sich das individuelle Wahlverhalten im Zusammenspiel von Parteiidentifikation sowie der Kandidaten- und Themenorientierung.[1] Alle drei Aspekte sind von den Parteistrategen für Wahlkämpfe zu berücksichtigen. Die Parteiidentifikation – eine Anmutung von Nähe und Sympathie zu einer Partei – ist dabei eher langfristig und stabiler. Themen und Personen gehören in die Kategorie kurzfristiger Faktoren, die durch clevere Wahlkampfkommunikation beeinflussbar sind. Wahlkämpfe wirken: Sie können individuelle Einstellungen verändern, wenngleich die Wahlkampfforschung nicht exakt belegen kann, wodurch dies konkret erfolgt und wie lange die Einstellungsveränderungen in den dynamischen Phasen der Meinungsbildung anhalten. Zur Konstante der Wahlkämpfe gehört, dass sich der Fokus der Parteien darauf richtet, vermeintliche Anhänger zu mobilisieren. Mobilisierung entscheidet den Wahlausgang. Nicht die Überzeugung der Unentschiedenen oder parteipolitisch Andersdenkenden treibt die Strategien der Parteien an, sondern »Reinforcement« – die Bekräftigung der Anhängerschaft.

Dies ist von Bundestagswahl zu Bundestagswahl immer wichtiger geworden. Denn wählerische Wähler agieren seltener milieugebunden, sondern häufiger individuell nutzenorientiert. Wählerkalküle erscheinen heterogener, komplexer, überraschender. Die Volatilität der Wählerinnen und Wähler nimmt zu und damit steigt die Herausforderung für die Parteistrategen bei der Planung von Wahlkämpfen.[2] Anhängerschaft gilt es täglich von den Parteien neu zu erobern. Volatile Wählermärkte entfalten eine schwer zu kalkulierende Eigendynamik, zumal sie auf Koalitionsmärkte treffen, die nur noch Buntheit, aber sicher keine politischen Lager mehr verlässlich konstituieren.

Das verwandelt Wahlkämpfe für die Parteien in komplexe Herausforderungen, die strategische Planung und flexible Innovationen voraussetzen. Doch was die Parteien 2021 erwartete, potenzierte die Konturen des Nicht-Wissens.[3] Nie war die politische Kommunikation um Wählerstimmen so problematisch wie im Bundestagswahlkampf 2021. In mehrfacher Hinsicht war bereits zu Beginn des Superwahljahres 2021 erkennbar, dass Unikat-Wahlen mit einer historischer Zäsur bevorstanden. Die »Coronakratie«[4] und der Verzicht der Bundeskanzlerin auf eine erneute Kandidatur setzten Zäsuren. Für die Parteien-, Wahl-

Karl-Rudolf Korte

und Regierungsforschung stellten sich neuartige, überraschungs-
feste Herausforderungen, wenn sich Analogien ausschließen.

Das Virus entschied den Ausgang der Bundestagswahlen

Wenn Wahlen auch Momentaufnahmen zur Lage der Nation
sind, dann prägte das Coronavirus entscheidend das Superwahljahr. Denn das politische Momentum war überlagert von der
Coronapolitik. Als wichtigstes wahrgenommenes Problem hielt
es sich bei den Umfragen bis zum Wahltag im oberen Bereich.
Noch im September 2021 sagten 28 % der Wahlberechtigten,
dass Corona und die Folgen der Coronapolitik zu den wichtigsten Problemen gehören. Auf Platz 1 mit 47 % rangierte: Umwelt/
Klima/Energie.[5] Beides – Corona und Klima – prägte die Motiv-
bündel der Wählerschaft in Deutschland. Dabei standen nicht
die Maßnahmen der Coronapolitik im Zentrum der Aufmerksamkeit, sondern das Thema wirkte eher indirekt in alle Bereiche
hinein. Wie bewährten sich die Hauptakteure, die Regierungs-
parteien und die Opposition in der Pandemie? Die Auswahl der
Kanzlerkandidaten wurde auch maßgeblich mitbestimmt vom
Auftritt der Krisenlotsen.

Niemals wäre *Olaf Scholz* so früh von der SPD zum Kanzlerkandidaten gekürt worden, wenn er nicht als Bundesfinanzminister
eine so sichtbar dominante Rolle als Krisenmakler gespielt hätte.
Ohne das Virus wäre vermutlich auch *Armin Laschet* nicht Par-
teivorsitzender der CDU und später Kanzlerkandidat der Union
geworden. Welche Rolle spielten dabei die virusbedingte Verschie-
bung und Virtualisierung des Parteitags? Das Virus prägte die
Themen des reparaturbedürftigen Nachsorgestaates und fächerte
den Parteienwettbewerb auf. Die konstruktive, freiheitserzäh-

lende Oppositionsarbeit der FDP zur Coronapolitik belohnte die Wähler. Die AfD verlor auf dem Wählermarkt, weil die erfolgreiche Coronapolitik über Monate die Regierenden stabilisierte und Verdrossenheit reduzierte. Ein Wahlkampf unter Wütenden, von dem die AfD hätte profitieren können, fand nicht statt.

Die Pandemie setzte nicht nur direkt und vor allem indirekt die Themen, sondern veränderte auch die Wahlkampfformate. Wirkungsvoll zu mobilisieren, war nicht einfach unter Bedingungen von Abstand und Distanz. Betroffen war auch eine generelle Sichtbarkeit der Kandidatinnen und Kandidaten. Wir wissen beispielsweise, dass durchaus auch persönliche Attraktivität im Wahlkampf Prozentwerte bringt.[6] Aber wie attraktiv wirkt man auf digitalen Kacheln? Darüber wissen wir viel weniger. In Deutschland zählen bei der Stimmabgabe besonders Sach- bzw. Problemlösungskompetenz, Glaubwürdigkeit, Führungsqualität sowie – erst an vierter Positionierung – persönliche Sympathien. Auch die Wahlkampfforschung hat Probleme, unter den Bedingungen der pandemisch bedingten Distanz, langgehegte Erkenntnisse einfach fortzuschreiben. Reichen in einer durch die Coronapolitik extrem erschöpften Republik die klassischen Ansätze des Wahlkampfdreischritts aus: begrenzte Aggressivität, Sicherheitsbotschaften, Zukunftskompetenz?

Wahlen sind ein verlässlicher Gradmesser des Vertrauens. Welcher Partei, welcher Kandidatin, welchem Kandidaten trauen wir persönlich das Lösen wichtiger Probleme zu? Das Vertrauensreservoir war im Jahr 2021 erschöpft. Die Distanzdemokratie provozierte. Damit war nicht der Widerstand einer stets kleinen Minderheit gegen die Coronamaßnahmen gemeint. Vielmehr provozierte uns täglich die überlebensnotwendige Übersetzung demokratischer Spielregeln und Praktiken in neue Formate der Distanz und des Abstands. Das galt besonders im Superwahljahr

Karl-Rudolf Korte

2021, in dem eine strategische politische Kommunikation der Mobilisierung für Parteien und Personen zwingend notwendig war. Wir fühlen uns bei den Kulturtechniken der Demokratie in außergewöhnlicher Weise herausgefordert, oft auch überfordert. Informieren, organisieren, erinnern, kommunizieren, partizipieren, mobilisieren, debattieren – all das gilt in der Frühdigitalisierung unseres Alltags ohnehin schon seit einigen Jahren als neues Betriebssystem unserer Gesellschaft.[7] Analoge Kulturtechniken der Demokratie sind durch digitale Formate ergänzt oder auch vollständig in diese überführt worden.

Aber die Distanzformate galten nie ausschließlich. Das Virus veralltäglichte rasant diese Praktiken des Digitalen. Das ist durchaus positiv, denn dank der Digitalisierung konnten wir weiterhin politisch agieren, wenn Bewegungen und Begegnungen eingeschränkt oder Protestversammlungen coronabedingt verboten waren. Umso mehr benötigten wir Übersetzungshelfer und Moderatoren, die das neue Zeichensystem für die Bürger anwendbar machen. Das Kommunikationsrepertoire ist vielfältiger, gerade in Wahlkämpfen. Formen der neuen Distanzdemokratie überdauern in der »Coronakratie«. Dazu gehören Effekte, die wir von Drehtüren kennen. Sie sind fachbegrifflich »Vereinzelungsanlagen«. Was uns in der Pandemie durch isolierte Vereinzelung half, muss danach wieder als Gemeinwohl zusammengefügt werden. Viele Facetten der neuen Gegenöffentlichkeiten auf der Straße und im Internet agieren mit eigener Wirklichkeit, die ihren Urgrund darin hat, lange selbstisoliert leben zu müssen. Wer hört, wer sieht mich? Wer nimmt auf mich noch Rücksicht? Die Neigung, über Monate prinzipiell nur noch mit mir selbst zu reden, verengt durch fehlende Resonanz und soziale Interaktion unsere Realitätswahrnehmungen. Bleiben wird auch der Wunsch nach kuratiertem Regieren als Politikmanagementvariante.[8] Es verwandelt unter dem Primat der Politik rasant transparente Informationsverarbeitung in sortierte, erklärte, betreute politische Entscheidungen der Krisenlotsen. Kuratiertes Regieren kommt nicht als lenkende Anregung daher. Der Lockdown (alles entschleunigen, alles entkoppeln, alles dekonstruieren) war staatlich verordnet, kein Vorschlag. Kuratiertes Regieren hat mit krisenbedingter appellativer Anordnung zu tun. Die Bürger folgen dabei keineswegs in dumpfer Affirmation, sondern teilen in überwiegender Mehrheit die Einsicht, den Anordnungen zu folgen, um solidarisch andere zu schützen. In der Coronakratie ist einmal mehr sichtbar geworden, welche regelnde Rolle die Bürger dem Staat zuweisen. Das passt zum neuen weltweiten Paradigma von der Deregulierung zur Regulierung.

Auch Meinungsbildung fiel in der Distanz schwer. Willensbildung geht oft einher mit Group-Thinking. Die Logik des Sozialen, die interpersonale Kommunikation, das Erlebnis der Begegnung formen Meinungen.[9] Doch das war 2021 monatelang unmöglich. Zudem geizen die Formate von Videokonferenzen systematisch mit Resonanz. Erst zwei Monate vor der Bundestagswahl lockerten sich die Formate auf. Öffentliche Veranstaltungen, Marktplatzauftritte und Haustürwahlkämpfe konnten unter besonderen Bedingungen des Abstandhaltens stattfinden. Die Mobilisierung musste insofern zwangsläufig im Superwahljahr 2021 im Vergleich zu den Wahlen von 2017 über Online-Formate zusätzlich angereichert werden.[10]

Ohne Kanzlerbonus und ohne Wechselstimmung

Eine *zweite* Besonderheit liegt in der historischen Konstellation: Niemals zuvor fanden Bundestagswahlen ohne Titelverteidiger statt – sieht man von der ersten Wahl 1949 einmal ab. Bundeskanzlerin *Merkel* verzichtete nach einer Serie verheerender Landtagswahlen für die CDU im Mai 2019 auf eine erneute Kandidatur und gab den Parteivorsitz ab.[11] Die Bundeskanzlerin stand im Wahljahr 2021 als Krisenlotsin einmal mehr unter den Bedingungen der Pandemie im Zentrum der Aufmerksamkeit. Sie verhalf mit ihrem Kanzlerbonus und als Coronatitanin der Union zu Umfragewerten bei der Sonntagsfrage von über 30 %. Je deutlicher es jedoch wurde, dass *Merkel* auf keinem Wahlzettel stehen würde, stiegen die Chancen der Mitbewerber, vor allem die der Grünen und der SPD. Hoffnungsfroh entschieden sich die Grünen erstmals, eine Kanzlerkandidatin zu benennen, deuteten die Umfragen zum Zeitpunkt der Nominierung von *Annalena Baerbock* für die Grünen doch durchaus eine Chance zur Kanzlerschaft an. Alle drei Parteien (Union, SPD, Grüne) standen ab Sommer 2021 im Umfragekampf fast gleichgewichtig auf der Startlinie, um für Programm und Personen zu werben.

»Wer wird *Merkel*?« – spitzte sich für alle möglichen Nachfolger als die Entscheidungsfrage zu. Wer sollte die Coronaprämie am Wahltag ausgezahlt bekommen, wenn die Pandemie weitgehend eingehegt sein würde? Das war zum frühen Zeitpunkt noch unklar. Überträgt sich so ein Bonus automatisch auf den Kanzlerkandidaten *Laschet,* wenn die Union als gefühlte Staatspartei immerwährend in der Wählergunst für Stabilität und Sicherheit steht? Wer von einem Vertrauenstransfer ausging, unterschätzte grundsätzlich die kulturelle Zäsur, die mit dem politischen Ende der Ära *Merkel* einherging. Sie prägte für eine politische Generation das Politikverständnis. Wahlen bedeuteten in der Regel die Einlösung der Formel »*Merkel* plus X« gleich Mehrheit.[12] Bei aller Kritik an einzelnen politischen Entscheidungen führte Merkel nicht nur in Wahlkampfzeiten die Sympathieskala der beliebtesten Politiker des Landes konstant an – ergänzt durch positive

Werte zur Regierungstätigkeit. Wie kompensieren Wähler so eine Verlusterfahrung? Die Wahlforschung misst verlässlich einen Kanzlerbonus, kann aber nicht den Malus verrechnen. Wem bringen Wähler diesen Vertrauensvorschuss zukünftig entgegen? Für alle Parteien im Wettbewerb 2021 hatten diese Fragen fundamentale Bedeutung. Denn es erhöhte für alle drei Parteien mit Kanzlerkandidaten systematisch ihre Chancen zum Erfolg und veränderte die Anlage der jeweiligen Mobilisierungsstrategien.

Eine *dritte* Besonderheit liegt im historischen Vergleich der Wahlen. Am Ende der Adenauerzeit existierte ebenso wie nach 16 Jahren der Kanzlerschaft von *Helmut Kohl* (CDU) ein starker Wunsch nach Veränderung, nach Überwindung, nach Neuanfang. 2021 war eine vergleichbare eindeutige Wechselstimmung nicht messbar.[13] Dass ein Regierungswechsel kommen würde, war klar, da die Kanzlerin nicht mehr antrat. Insofern gehen die standardisierten Umfragen zum Wechselthema in die falsche Richtung. 16 Jahre *Merkel* mit drei Großen Koalitionen führten keineswegs zum eindeutigen Wunsch nach neuen Formaten der Macht, nach einem neuen Führungs- und Kooperationsstil, nach neuen Möglichkeiten des guten Regierens. Noch herrschte Wirklichkeitsgehorsam. Noch prägte die Erinnerung an staub-trockene Krisenpolitik als letzte Variante einer sogenannten Alternativlosigkeit. Die Option, wie 1998, zwei Oppositionsparteien in die Regierungsverantwortung zu katapultieren, erschien abwegig, trotz des Überdrusses an der Großen Koalition und ihrem Regierungsstil: dem wegmoderierenden Pragmatismus, dem unterargumentierenden Regieren und der stets situativen postheroischen Empörungsverweigerung. Doch die Sehnsucht nach der großen empathischen Erzählung, nach den Lotsen der schonenden Transformation war in keiner Phase des Wahljahres so ausgeprägt, dass ein »Weiter-So« mit anderem Personal vollkommen ausgeschlossen war.

Karl-Rudolf Korte

So blieb die Stimmung im Wahljahr ambivalent: Die Sehnsucht nach einem neuen Auftritt und Veränderungswünsche
wurden begleitet von veränderungsmüden Erwartungen. Die
coronabedingte Macht der Erschöpfung führte zum Wunsch
nach Normalität, Stabilität und Ruhe. Diese starke Ambiva-
lenz zwischen Status quo und Veränderung wurde überlagert
von einer Medienberichterstattung, die den einseitigen Eindruck vermittelte, dass es um eine Klimawahl gehen würde, bei
der die Mehrheit deutlich für die große Transformation votieren
könnte. Das Ergebnis der Bundestagswahl dokumentiert prä-
zise eine Sowohl-als-auch-Stimmung. Sie führt zum bekann-
ten Modell des dosierten Machtwechsels in Deutschland, der
Koalitionswahl mit dem Kontinuitätsversprechen: Einer aus der
alten Regierung ist auch bei der neuen mit dabei. Diese Unent-
schiedenheit mit unklarem Regierungsauftrag und knappen Siegern (10 Mandate liegen zwischen SPD und Unionsfraktion)
war im Wahlkampf ohne krasse Wechselstimmung frühzeitig zu
erkennen.

Phasen und Strategien im Wahlkampf

Die Bundestagswahl war eingebettet in ein Superwahljahr. Drei
Landtagswahlen als Testlauf (Mainz/Stuttgart sowie zeitversetzt
in Magdeburg) im Vorfeld und zwei Landtagswahlen (Schwerin
und Berlin) zeitgleich mit der Bundestagswahl.[14] Sie bestätigten
überwölbende Trends, wie die Sicherheitsdeutschen erwartbar
wählen: Bekanntheit durch Amtsbonus katapultierte die Minis-
terpräsidenten der Union, der Grünen und der SPD zu Proz-
entwerten jenseits der dreißiger Marke. Corona erwies sich als
Machtrevitalisierungsprogramm. Außerdem stabilisierten die
Wahlen den Sog der Mitte. Die Randparteien AfD und Linke
mussten deutliche Verluste hinnehmen. Insofern konnten die

Wahlkämpfer ab Frühjahr davon ausgehen, dass schrumpfende Extreme die politische Mitte verbreitern werden.

Das Wahljahr hielt im Umfragekampf viele Überraschungen bereit. Selten kreuzten sich die Hochs und Tiefs sowohl in der Sonntagsfrage als auch bei der Beliebtheit der Kanzlerkandidaten wie 2021 – Volatilität im Kurvenformat.[15] Konkrete Kampagnen- und Mobilisierungsphasen lassen sich für das Superwahljahr unterscheiden: Mit der zeitgleichen Nominierung von *Armin Laschet* und *Annalena Baerbock* (19. April 2021) endete die Frühphase des Wahlkampfes: Die Union lag bei 28 %, die Grünen bei 21 und die SPD bei 15.[16] Die zweite Phase begann im Mai: Die Grünen überholten kurzzeitig die Union (26 % zu 24 %). Der kontinuierliche Sinkflug der Grünen begann dann Ende Mai mit den diversen Fehlereingeständnissen der Spitzenkandidatin.[17]

Die dritte Phase als Hauptwahlkampfzeit setzte nach den Sommerferien Ende August bis Anfang September ein. Die SPD überholte in den Umfragen erstmals seit Jahrzehnten die Union[18] und steigerte den Wert von Woche zu Woche. Äußere Anlässe wie die Hochwasserkatastrophen (14. Juli) lagen zu diesem Zeitpunkt bereits Wochen zurück. Es ist insofern zu vermuten, dass sich mit dem Beginn der heißen Wahlkampfphase die Mehrzahl der Wählerinnen und Wähler in dreierlei Hinsicht neu bzw. erstmals richtungsweisend orientierten: Motive für die konkrete Wahlabsicht und die Parteienwahl sortierten sich ebenso wie die Erkenntnis, dass *Merkel* nicht mehr wählbar war. Daraus resultierte fast ein Gleichstand der drei halbstarken Parteien um den Wert von 20 % bei der Sonntagsfrage.

Die inhaltlichen Auseinandersetzungen und Unterschiede zwischen den Parteien prägten ab Mitte August den Wahlkampf. Ein zentrales überwölbendes Thema fehlte allerdings, wie es ver-

Karl-Rudolf Korte

gleichbar bei Migrations- und Flüchtlingsfragen bei der Bundestagswahl 2017 existierte. In den Monaten zuvor kam der Wahlkampf verstörend inhaltsleer daher. Die Fehler der Kandidaten dominierten die Berichterstattung, nicht die Themen für eine mögliche Mobilisierung der eigenen Anhänger. Inhaltsschwere kam erst in den letzten Wochen vor dem Wahltag auf – getrieben durch die Frage, wie eine Transformation der Gesellschaft besser gelingen kann: mit Verboten, mit Regeln, mit Anreizen?

Wie haben sich die Wahlkampagnen der drei Kanzlerkandidatenparteien unterschieden? Die Union hatte ihren Kanzlerkandidaten *Armin Laschet* (CDU) verhältnismäßig spät im April 2019 nominiert. *Laschet,* in der Rolle des relativ neuen Vorsitzenden, war noch nicht so gefestigt im Amt, dass er die Kanzlerkandidatur einfach verkünden konnte. Der Machtpoker um die Kandidatur zwischen *Söder* (CSU) und *Laschet* fesselte im Babylon Berlin und hinterließ tiefe Risse in der Unionsfamilie. *Söder* nutzte das Machtvakuum des frischen Vorsitzenden der CDU, um seine eigene Kandidatur zu erzwingen. Mit rebellisch-brachialem Populismus zweifelte er öffentlich an der Repräsentativität der politischen Willensbildung in den Führungsgremien der CDU. Die Belastung durch diese umkämpfte Konstellation war für *Laschet* eine schwere Bürde im gesamten Wahlkampf. Die Schwesterparteien wirkten auf die Wählerinnen und Wähler zu keinem Zeitpunkt geschlossen und geeint hinter dem Kandidaten *Laschet*. Das späte Wahlprogramm setze auf den muskulären Staat, der nicht übergriffig ist. Es war die gefühlt unentbehrliche Staatspartei, die Kontinuität im Wandel einmal mehr versprechen wollte, ohne allerdings dazu kampagnenfähige Gedanken vorzutragen.

Die Anlage des Wahlkampfes glich den Vorgängermodellen: ein Wohlfühlwahlkampf, der nicht polarisiert.[19] *Laschet* minimierte auch mit seinem Regierungs- und Führungsstil Angriffsflächen.

Darin ist er *Merkel* durchaus ähnlich.[20] Doch *Merkel* konnte sich dies mit einem Amtsbonus leisten, Laschet hingegen nicht. Die Grünen wurden als Hauptgegner im Wahlkampf markiert. Für Post-*Merkel*-Zeiten reichte dieses strategische Muster allerdings nicht aus. Profilierte Alleinstellungsmerkmale der Union konnten die Wähler bis zuletzt nicht erkennen. Die Union erschien wie eine Regierungspartei ohne Grund und ohne Führungserzählung.[21] Sie wirkte nach den langen Jahren in Regierungsverantwortung auf dem Wählermarkt verbraucht. Ein Machtverfall lag nach den Rhythmen des Regierens spätestens ab Sommer in der Luft.[22] Als strategischer Fehler stellte sich zudem heraus, dass die Union nicht vorbereitet war, als die SPD in den Umfragen an den Grünen vorbeizog und sie auf Platz drei verdrängte.

In der Schlussphase des insgesamt flatterhaft wirkenden Hauptwahlkampfes inszenierte die Union nochmals die Wiederauflage der »Rote-Socken-Kampagne«, um vor einem rot-grün-roten Linksbündnis offensiv zu warnen. Immerhin hatte diese Polarisierung aus Sicht der Union Erfolg, denn die Linken blieben unter der 5-%-Hürde und es gelang damit, die Koalitionsvarianten einer Regierungsbildung für *Scholz* zu minimieren. Der Game-Changer in der Kampagne der Union war *Laschets* unbeabsichtigtes Lachen im Flutgebiet. An dem Bild zerbrach sein Wahlkampf.[23] Krisenlotsenschaft wünschen sich die Sicherheitsdeutschen von ihren Kanzlern. Das Lachen entlarvte *Laschet* in der Wahrnehmung der Bürger als wenig krisentauglich. Eine Mobilisierung über die Themensetzung »Richtungsentscheidung« verfing nicht.

Als tauglicher Erbe *Merkels* erwies sich besonders der Kandidat der SPD. Die SPD nominierte ihn bereits im August 2019. *Olaf Scholz* stand inhaltlich – ebenso wie die Kanzlerin – für die gesellschaftspolitisch-progressive Mitte. Er hatte als Bürgermeister von

Hamburg bewiesen, wie moderne Urbanität sozialverträglich mehrheitsfähig bleiben kann. Als Typus prägt er ebenso wie *Merkel* das Ruheregiment mit vornehmer Unangreifbarkeit, Solidität und Risikounlust. Wer sich für die Fortsetzung der *Merkel*-Politik stark machte, fand mit *Scholz* einen sehr mächtigen Aspiranten. Die *Scholz*-Kampagne setzte von Beginn an auf die Kopie des »merkeligen Sicherheitsgefühls«. Zudem warb er mit dem Vizekanzlerbonus, zumal als Finanzminister, der in der Coronakrise Milliarden Euro zusätzlich verteilte. Plakate und Auftritte konzentrierten sich einzig auf seine Person. Andere Stimmen aus der Partei waren nicht zu hören oder wurden radikal unterdrückt. Seine hegemoniale Stellung disziplinierte die SPD.[24]

Das ist umso paradoxer, als sich die Mitglieder der SPD noch 2019 gegen *Scholz* als Parteivorsitzenden entschieden hatten. Als Narrativ setzte *Scholz* im Wahlprogramm und Wahlkampf die »Respekt-und-Würde«-Erzählung wirkungsvoll durch. Damit sollte die Lebensleistung der Arbeitnehmerinnen und Arbeitnehmer würdigend ins Blickfeld geraten. Die einstige Arbeiterpartei mobilisierte mit zentralen Arbeitnehmerthemen, die vor allem auch im Osten Deutschlands verfingen. Eindeutig setzte die SPD damit auch eine Repolitisierung der Sozialstruktur für Wahlkampfzwecke. Als Vehikel diente dabei die Anhebung der Mindestlohngrenze auf 12 Euro. Die Kampagne wirkte professionell, sortiert und zielstrebig.

Die Grünen lebten zunächst vom Zulauf aus mehreren Richtungen. Sie agierten multikoalitionsfähig – sichtbar in Regierungsverantwortung und in der Opposition zugleich. Sie kratzten an der Dominanz der Union, indem sie das Kompetenzzentrum für Umwelt- und Klimapolitik verkörperten. Ein schonender Umgang mit Ressourcen in der stillgestellten Zeit hatte zudem bürgerliche Wähler mit grünen Ideen versöhnt. Von der Coronaprämie profitieren die Grünen, weil sie auch mit ihrer professionellen Doppelspitze im Bund einen gewachsenen Bedarf nach normativer Orientierung befriedigten: Der Rettung eine Richtung geben. Sie setzten mit ihrer eigenen Moralwährung voll auf die schonende und gemeinsame Transformation der Gesellschaft. Der Kommunikations- und Führungsstil begeisterte bürgerliche Kreise, die sich mit Realitätsdemut geißelten. Hier hatte nicht die neo-dirigistische Entschiedenheitsprosa Aussicht auf Gehör, sondern eher Machtpoesie als Moderation von Ambivalenzen.

Doch die Wahlkampagne mit der zentralen Botschaft »Neuanfang« stockte, als die Grünen vom Doppel auf das Einzel umstellten. In dem Moment, in dem sie andere Parteien kopierten und das Andere, was sie in der Parteigeschichte groß gemacht hatte, verließen, häuften sich die Fehler. Im Rausch des Umfragehochs, über viele Wochen auf Platz 1 bei der Sonntagsfrage, nominierten die Grünen erstmals in der Parteigeschichte eine Kanzlerkandidatin. Persönliche Fehler der Kanzlerkandidatin *Baerbock* (fehlerhafte Angaben im Lebenslauf bis hin zu Plagiaten in ihrer Monografie) führten innerhalb von vier Wochen zu einem dramatischen Stimmungsverfall in den Umfragen. Das Vertrauen in die Seriosität der Kandidatin zerbrach. Ihre Unerfahrenheit in der Exekutive brachte die Wahlkampagne in eine schwierige Schieflage. Da half am Ende weder die Hochwasserkatastrophe an der Ahr, noch das Klimaurteil des Bundesverfassungsgerichts oder die »Fridays-for-Future«-Demos, um den Zieleinlauf bei der Bundestagswahl deutlich zu verbessern. Die Kandidatin reduzierte die Chancen der Partei. Gemessen am Bundestagsergebnis von 2017 gehören die Grünen dennoch zu den strategischen Siegern im Parteienwettbewerb der Legislaturperiode mit den deutlichsten Zugewinnen. Sie verbesserten sich von der kleinsten Fraktion des Bundestages auf Platz drei von insgesamt sechs Fraktionen.

Karl-Rudolf Korte

Grundsätzlich dokumentieren die Umfragedaten mit der ausgeprägten Wechselhaftigkeit auf dem Wählermarkt, dass bei dieser Bundestagswahl offenbar drei prekäre Kanzlerkandidaten zur Wahl standen. In der Wahrnehmung der Wähler hatten Union und Grüne parteiintern auf die falschen Kandidaten gesetzt. *Söder* und *Habeck* wurden ungeprüft als aussichtsreicher in der Bevölkerung eingeschätzt. Die gleichen Wähler unterstellten zugleich, dass *Olaf Scholz* in der falschen Partei sei.

Der Wahlkampf war auch 2021 über weite Strecken ein Umfragekampf. Als strategisches Instrumentarium gehört die Demoskopie mittlerweile zu den wichtigsten Ressourcen des Wahlkampfmanagements. Ihre Stellung hat sich unter den Bedingungen wachsender Volatilität verfestigt. Wähler lieben Favoriten und sind Fans des Erfolgs. Umfragedaten verstärken Aufstiegsbewegungen ebenso wie Abwärtsspiralen.

Die junge neue Bürgerlichkeit

Der Wahltag zeigte, dass die Chance zur Kanzlerschaft daran hängt, ob man als Sondierungsweltmeister taugt. Sieger können auch Zweite werden. Im multipolaren Vielparteiensystem sind Regierungsbildungen prinzipiell auch gegen die Mehrheitsfraktion möglich.[25] Der zweite Bundestagswahlkampf in Folge ohne eine Koalitionsaussage machte das Wählen einmal mehr für die Bundesbürger zum Lotteriespiel. Denn bei der Regierungsbildung sind wir Zuschauer. Wählermarkt und Koalitionsmarkt sind in so einer Konstellation nicht mehr deckungsgleich. Schöpferisch-experimentell muss nach neuen Formaten der Macht gesucht werden, um aus Wählerstimmen mehrheitsfähige Konstellationen dauerhaft zu kreieren.

Lerntheoretisch besteht die Möglichkeit, dass sich politische Präferenzen ändern und somit Handlungsoptionen für aktive Veränderungen bei den Koalitionspartnern entstehen. Die Bedingung dafür lautet, dass auch neue Deutungen und Ideen, mithin neue Narrative zur Verfügung stehen. Komplexes Lernen setzt voraus, dass entweder externe Ereignisse schockartig die Veränderungen beschleunigen oder aber dass Policy-Broker die neuen Deutungen und Ideen kraftvoll strategisch einsetzen. Solche Policy-Broker können Grenzstellenakteure zwischen verschiedenen Arenen oder Machtmakler sein. Sie sind die Begleiter des Wandels, sie kreieren neue Zielbilder, sie entwickeln übergeordnete neue Narrative, vielleicht sogar »Diskurs-Koalitionen«[26]. Ein ideen-politischer Perspektivwechsel kann unter diesen Bedingungen strategisch – und langfristig – zu einer neuen Koalition führen.

Die Verhandlungstheorien enthalten ein Set von Indikatoren, die für das Gelingen von Verhandlungen verantwortlich sind. Personen machen auch unter verhandlungsstrategischen Gesichtspunkten einen Unterschied. Es ist dann weniger die Logik von Lagern oder Problemen, die zu einer potenziellen Koalition führt, sondern das personale Arrangement der Spitzenakteure. Dabei dreht es sich nicht um Grade von Sympathiewogen. Vielmehr stehen die zentralen politischen Ressourcen im Zentrum: Vertrauen, Verlässlichkeit, Wertschätzung, Integrität, Respekt. Das bereits am Wahlabend in der »Elefanten-Runde« bekundete Abstimmen im Zitrus-Format (grün-gelb) war darauf ein wichtiger Verweis. Das Kanzler-Casting sollte über grün-gelbe Vorsondierungen möglich werden.

Darin drückte sich auch neue, junge Bürgerlichkeit aus, denn beide Parteien waren von überwiegend jüngeren Wählerinnen und Wählern gewählt worden. Schnittmengen in diesem liberalen-grün-gelben Block bestehen im moralischen Ernst, in

Karl-Rudolf Korte

moderner Autonomie, sozialstaatlicher Pragmatik und in einem gemeinwohlorientierten Kaufmannsgeist. Das Verständnis von Staatlichkeit weicht ab, aber die Freiheitserzählungen ähneln sich von liberal bis libertär. Jungwähler votierten für grün, weil sie ihre Freiheit durch Klimaveränderungen bedroht sahen und auf einen lenkenden Staat setzen, der das Freiheitsbudget wahrt. Jungwähler votierten für gelb, weil sie zu viel Übergriffigkeit des Staates ablehnen, wie es sich besonders drastisch in der Pandemie zeigte. Gemeinsamkeiten in diesem neu-bürgerlichen Milieu bestehen im staatskritischen Engagement für Bürgerrechte und in der digitalen Gesellschaftspolitik.[27] Ob es tragfähig sein wird, eine selbstbewusste Sozialdemokratie im Dreier-Format einzuheben, muss sich erst noch beweisen. Aber die Konstellation deutet darauf hin, dass sich die Kanzlerdemokratie lernend wandelt.

Die Richtung des Wählens

Das Superwahljahr folgte einer außeralltäglichen Logik. Es blieb eigenartig einzigartig. Die Grundstimmung changierte zwischen einem Enthusiasmus des Positiven (»Solidarisch haben wir Corona besiegt.«) und der Wehmut des Vorsichtigen (»Hier funktioniert nichts.«): sorgenvoll zufrieden oder zufrieden im Unbehagen? Diese uneindeutige Grundstimmung mobilisierte immerhin nochmals mehr Wählerinnen und Wähler als 2017, was überraschte, da eine maximale Themenpolarisierung im Wahlkampf fehlte. Höhere Wahlbeteiligung spricht für einen insgesamt gelungenen Wahlkampf der Parteien als Chance zur Mobilisierung.

Die gewählten Parteien sortieren sich im Setting des Bundestages in einem multipolaren Vielparteiensystem. Der Bundestag ist weniger polarisiert als in der letzten Legislaturperiode.[28]

Die Radikalisierung im Parteienspektrum blieb der AfD vorbehalten, die lösungsorientiert zur Coronapolitik wenig beizutragen hatte. Die politische Mitte hat sich weiterhin vergrößert und ausdifferenziert als eine ausgeprägte elektorale Fragmentierung. Selbst die dänisch-friesische Minderheit ist mit dem SSW wieder in den Bundestag eingezogen. Die Segmentierung im Sinne von schwer zu überwindenden Bündnisfähigkeiten hat abgenommen, zumal die Grünen mittlerweile als post-lagerübergreifende Partei im Wählerspektrum verortet sind.

Die Coronapolitik stellte im Superwahljahr 2021 naheliegende Mobilisierungsherausforderungen. Zukunftssicherheit spielte bei den Motiven auf dem Wählermarkt eine große Rolle: Wie schaffen wir eine resiliente Demokratie? Das bedeutet viel mehr als nur Pandemievorsorge. Denn die Reparaturbedürftigkeit des Nachsorgestaates fiel besonders in der Pandemie auf. Insofern wuchs die Sehnsucht nach einem klug schützenden, einem lenkenden Vorsorgestaat. Der Wahlkampf kam dennoch maximal zumutungsfrei daher.

Doch Wähler ahnen, dass bedingungslose Daseinsvorsorge einen Preis haben wird. Die Schlüsselressourcen zum Aufbau einer resilienten Demokratie spielten im Wahlkampf eine indirekte Rolle, avancieren jedoch zum Politiktreiber in den Koalitionsverhandlungen. Da die Bundestagswahl zum zweiten Mal in Folge ohne eine Koalitionsaussage im Wahlkampf stattfand, endet der Wahlkampf nicht am Wahlsonntag. Die Rollen bleiben zwischen den vier verhandelnden Parteien offen: Regierung oder Opposition? Die Verlängerung des Wahlkampfes in Sondierungen und Koalitionsverhandlungen ist neu. Doch niemals zuvor hatten zwei Kanzlerkandidaten die Chance, jeweils unterschiedliche Mehrheiten zu bilden. Auch das macht die Bundestagswahl über den Wahlkampf hinaus zum Unikat.

Karl-Rudolf Korte

Anmerkungen

1 Alle Modelle vgl. Karl-Rudolf Korte, Wahlen in Deutschland, Bonn [10]2021.

2 Gleichwohl sind die Wahlen immer noch sozialstrukturell fundiert; zudem sind immer noch rund 50 % der Wähler mit Parteiidentifikation unterwegs. Wähler und Wählerinnen sind kein Flugsand!

3 Zur Einordnung vgl. Karl-Rudolf Korte, Die Konturen des Nicht-Wissens im Superwahljahr 2021. Wählen in Zeiten der Pandemie, in: Zeitschrift für Politikwissenschaft 31/1 (2021), S. 83–90.

4 So eine Einordnung zum politischen System der Bundesrepublik Deutschland unter den Bedingungen einer anhaltenden Pandemie, vgl. dazu Martin Florack, Karl-Rudolf Korte und Julia Schwanholz (Hg.), Coronakratie. Demokratisches Regieren in Ausnahmezeiten, Frankfurt am Main 2021.

5 Politikbarometer September III, https://www.forschungsgruppe.de/Umfragen/Politbarometer/Archiv/Politbarometer_2021/September_III_2021/ (abgerufen am 8.10.2021).

6 Vgl. Anna Gaßner et al., Schöner wählen. Der Einfluss der physischen Attraktivität des politischen Personals bei der Bundestagswahl 2017, in: Karl-Rudolf Korte/Jan Schoofs (Hg.), Die Bundestagswahl 2017. Analysen der Wahl-, Parteien-, Kommunikations- und Regierungsforschung, Wiesbaden 2019, S. 63–82.

7 Dazu vgl. Isabelle Borucki et al. (Hg.), Die digitalisierte Demokratie, Zeitschrift für Politikwissenschaft 30/2 (2020).

8 Weiterführend dazu Karl-Rudolf Korte, Kuratiertes Regieren. Bausteine der Resilienz, in: Florack/Korte/Schwanholz (Hg.), Coronokratie, Frankfurt am Main 2021, S. 25–42.

9 Details dazu bei Nicole Podschuweit/Stephanie Geise, Wirkungspotenziale interpersonaler Wahlkampfkommunikation, in: Zeitschrift für Politik 62/4 (2015), S. 400–420.

10 Vgl. Arndt Leininger/Aiko Wagner, Wählen in der Pandemie. Herausforderungen und Konsequenzen, in: Zeitschrift für Politikwissenschaft 31/1 (2021), S. 91–100.

11 Dazu z. B. Ralph Bollmann, Angela Merkel. Die Kanzlerin und ihre Zeit, München 2021. Auch dazu Ursula Weidenfeld, Die Kanzlerin. Porträt einer Epoche, Berlin 2021.

12 Karl-Rudolf Korte: Die Bundestagswahl 2013 – ein halber Machtwechsel: Problemstellungen der Wahl-, Parteien-, Kommunikations- und Regierungsforschung, in: ders. (Hg.), Die Bundestagswahl 2013. Analysen der Wahl-, Parteien-, Kommunikations- und Regierungsforschung, Wiesbaden 2015, S. 9–31.

13 Grundsätzlich zu den Machtwechsel-Szenarien vgl. Michael Mertes, Zyklen der Macht, Bonn 2021.

14 Dazu die Einordnungen bei Gerd Mielke, Die Grünen als neuer Pol im deutschen Parteisystem? Anmerkungen zum Aufstieg der Grünen, in: Forschungsjournal Soziale Bewegungen 34/3 (2021), S. 462–478; ders., »It's not dark yet, but it's getting there«. Auf dem Weg zu einer »critical election«, in: Forschungsjournal Soziale Bewegungen 34/3 (2021), S. 389–403; Gerd Mielke/Fedor Ruhose, Zwischen Selbstaufgabe und Selbstfindung. Wo steht die SPD?, Bonn 2021.

15 Dies zeigte sich unter anderem auch bei der Frage, wen die Deutschen sich als Kanzler wünschten. Hier schnitt Annalena Baerbock im Politbarometer für den Mai 2021 am besten ab, bevor sie dann wieder deutlich an Zuspruch verlor. Siehe dazu https://www.forschungsgruppe.de/Umfragen/Politbarometer/Archiv/Politbarometer_2021/Mai_I_2021/ (abgerufen am 10.10.2021).

16 Vgl. https://www.wahlrecht.de/umfragen/dimap.htm (abgerufen am 10.10.2021).

17 Siehe hierzu Politbarometer Juni I: https://www.forschungsgruppe.de/Umfragen/Politbarometer/Archiv/Politbarometer_2021/Juni_I_2021/ (abgerufen am 10.10.2021).

18 Laut Forschungsgruppe Wahlen erstmals seit September 2002 (https://www.forschungsgruppe.de/Umfragen/Politbarometer/Archiv/Politbarometer_2021/September_I_2021/ (abgerufen am 10.10.2021).

19 Vgl. zur Geschichte und Anlage der Demobilisierung Matthias Jung, Bedingt regierungsbereit – Eine Analyse der Bundestagswahl 2017, in: Korte/Schoofs (Hg.), Die Bundestagswahl 2017, S. 23–45.

20 Zu den Vergleichen siehe Tobias Blasius/Moritz Küpper, Der Machtmenschliche. Armin Laschet. Die Biografie, Essen 2020.

21 Zur Einschätzung vgl. Tobias Dürr, Regieren ohne Grund. Die CDU mit und nach Merkel, in: Forschungsjournal Soziale Bewegungen 34/3 (2021), S. 444–452.

22 Vertiefend dazu Karl-Rudolf Korte, Machtwechsel in der Kanzlerdemokratie, in: Karl-Rudolf Korte/Florack Martin (Hg.), Handbuch Regierungsforschung, Wiesbaden 2020.

23 So Claus Leggewie im Gespräch mit Sebastian Gierke, in: Süddeutsche Zeitung vom 24.9.21, S. 11.

24 Auch Negativ-Campaigning verfing nicht. Die Liste der Scholz unterstellten Verfehlungen war durchaus sehenswert: Wirecard-Untersuchungsausschuss des Bundestages, die Cum-ex-Geschäfte der Warburg Bank in Hamburg, die Durchsuchung des Bundesfinanzministeriums durch die Steuerfahndung.

25 Willy Brandt nutzte dies ebenso wie Helmut Schmidt – allerdings in einer Zeit mit einem Zweieinhalb-Parteien-System.

26 So Frank Nullmeier, Strategische Kommunikationsberatung, in: Zeitschrift für Politikberatung 1/5 (2008), S. 157–169. Zu den Koalitionen vgl. Karl-Rudolf Korte, Sinkt der Einfluss der Wähler auf die Koalitionsbildung?, in: Frank Decker/Eckhard Jesse (Hg.), Die deutsche Koalitionsdemokratie vor der Bundestagswahl 2013, Baden-Baden 2013, S. 37–56.

27 Dazu auch Jasper von Altenbockum, Grüne und FDP finden nach langer Zeit zusammen, in: Frankfurter Allgemeine Zeitung vom 14.10.21; ebenso Eva von Redecker, Was wird jetzt aus der Freiheit?, in: Die Zeit vom 14.10.21.

28 Grundsätzlich dazu Karl-Rudolf Korte et al., Parteiendemokratie in Bewegung, Baden-Baden 2018.

Die Autorinnen und Autoren

Jean Asselborn (geboren 1949 in Steinfort) ist Minister für Auswärtige und Europäische Angelegenheiten von Luxemburg und der dienstälteste Außenminister in der Europäischen Union. Er wurde am 27. April 1949 in Steinfort geboren. Nachdem er mit 18 Jahren die Schule verlassen hatte, holte Asselborn ab 1976 Abitur und Studium nach und erhielt 1981 einen Hochschulabschluss in Zivilprozessrecht an der Universität Nancy II. Nach verschiedenen beruflichen und kommunalpolitischen Stationen als Mitglied der Sozialistischen Arbeiterpartei (LSAP) trat Jean Asselborn nach den Parlamentswahlen vom 13. Juni 2004 als Vizepremierminister sowie als Minister für Auswärtige Angelegenheiten und Immigration in die Regierung ein. Seither gehört er den Regierungen Luxemburgs in unterschiedlichen Koalitionen an. Zuletzt wurde er nach den Parlamentswahlen vom 14. Oktober 2018 erneut zum Minister für Auswärtige und Europäische Angelegenheiten sowie zum Minister für Immigration und Asyl berufen. 2010 erhielt Jean Asselborn das Großkreuz des Verdienstordens der Bundesrepublik Deutschland, 2013 wurde er zum Komtur im nationalen Orden der Ehrenlegion (ordre national de la Légion d'honneur) der Französischen Republik ernannt.

Joachim Gauck (geboren 1940 in Rostock) ist Bundespräsident a. D. Er studierte Theologie und stand von 1965 bis 1990, auch als Pastor, im Dienst der Evangelisch-Lutherischen Landeskirche Mecklenburgs. Schon als Jugendlicher trat Joachim Gauck in Opposition zur Diktatur in der DDR. 1989 gehörte er zu den Mitbegründern des Neuen Forums und wurde in Rostock dessen Sprecher. Er war Mitinitiator des kirchlichen und öffentlichen Widerstands gegen die SED-Diktatur. Er leitete die wöchentlichen »Friedensgebete«, aus denen die Protestdemonstrationen hervorgingen. Im März 1990 zog Joachim Gauck als Abgeordneter der Bürgerbewegungen in die zum ersten Mal frei gewählte Volkskammer ein. Dort übernahm er den Vorsitz des Parlamentarischen Sonderausschusses zur Kontrolle der Auflösung des Ministeriums für Staatssicherheit. Von 1991 bis 2000 war er Bundesbeauftragter für die Unterlagen des Staatssicherheitsdienstes der ehemaligen DDR. Am 18. März 2012 wählte die

Bundesversammlung Joachim Gauck zum elften Präsidenten der Bundesrepublik Deutschland. »Die Freiheit der Erwachsenen heißt Verantwortung« – unter dieser Leitlinie ermutigte er als Bundespräsident die in Deutschland lebenden Menschen, ihr Leben aktiv als Bürger zu gestalten und Verantwortung für sich und andere zu übernehmen: »Mögen Ängste uns auch begleiten: Wir lassen uns das Vertrauen zu uns selbst und zu unserer Demokratie nicht nehmen.« Für sein Wirken wurde Joachim Gauck mit zahlreichen Ehrungen, Ehrendoktoraten und Preisen ausgezeichnet. In seinem Buch *Winter im Sommer – Frühling im Herbst* schildert Gauck seine lebensprägenden Stationen eindrücklich. 2019 erschien im Verlag Herder *Toleranz: einfach schwer*.

Herta Müller (geboren 1953 im deutschsprachigen Nițchidorf (Nitzkydorf) im Banat) ist Schriftstellerin und Trägerin des Literaturnobelpreises. Ihre Eltern gehörten zur deutschsprachigen Minderheit in Rumänien. Wie viele Rumäniendeutsche wurde Herta Müllers Mutter 1945 in die Sowjetunion deportiert und war fünf Jahre in einem Arbeitslager in der jetzigen Ukraine interniert. Lange Zeit später führt dies in Herta Müllers Werk *Atemschaukel* (2009) zur Schilderung des Exils der Rumäniendeutschen in der Sowjetunion. Herta Müller studierte von 1973 bis 1976 deutsche und rumänische Literatur an der Universität von Timișoara (Temeswar). In dieser Zeit stand sie der Aktionsgruppe Banat nahe, einem Kreis junger deutschsprachiger Autoren, die in Opposition zur Diktatur Ceaușescus für Meinungsfreiheit eintraten. Aufgrund ihrer Weigerung, mit der Geheimpolizei zusammenzuarbeiten, war sie Schikanen der Securitate ausgesetzt. Sie verlor ihre Stelle als Übersetzerin, weil sie sich weigerte, ihre Kollegen zu bespitzeln. Ihr Debüt, die Novellensammlung *Niederungen* (1982), wurde in Rumänien zensiert herausgegeben. Zwei Jahre später erschien *Niederungen* unzensiert in Deutschland, und im gleichen Jahr wurde *Drückender Tango* in Rumänien veröffentlicht. In diesen zwei Werken schildert Herta Müller das Leben in einem kleinen deutschsprachigen Dorf und die ihr dort begegnende Korruption, Intoleranz und Unterdrückung. Von der einheimischen Presse dafür kritisiert, erfuhr sie von den deutschsprachigen Medien außerhalb Rumäniens ein höchst positives Echo. Da sie die Diktatur in Rumänien öffentlich kritisiert hatte, wurde sie in ihrer Heimat mit Publikationsverbot belegt. 1987 emigrierte sie in den Westen und lebt seither als Schriftstellerin in Berlin. Die Romane *Der Fuchs war* *damals schon der Jäger* (1992), *Herztier* (1994) und *Heute wär ich mir lieber nicht begegnet* (1997) vermitteln mit ihren herausgemeißelten Details ein Bild des Alltagslebens in einer erstarrten Diktatur. Im Herbst 2021 erschien *Der Beamte sagte.*

Karl Rudolf Korte (geboren 1958 in Hagen) ist Direktor der NRW School of Governance. Er studierte Politikwissenschaft, Germanistik und Pädagogik in Mainz und Tübingen. Nach Staatsexamen und Promotion habilitierte er sich 1997 an der Universität München im Fach Politische Wissenschaften. Nach Vertretungsprofessuren in Trier, Köln, München und Duisburg ist er seit 2002 Professor für Politikwissenschaft an der Universität Duisburg-Essen im Fachgebiet »Politisches System der Bundesrepublik Deutschland und moderne Governance-Theorien«. Von 2005 bis 2008 war er geschäftsführender Direktor am Institut für Politikwissenschaft der Universität Duisburg-Essen. 2006 wurde er zum »Professor des Jahres« in der Kategorie Geistes-, Gesellschafts- und Kulturwissenschaften durch das Fachmagazin *UNICUM-Beruf* ausgezeichnet. Seit der Gründung im Jahr 2006 ist er Direktor der NRW School of Governance. Er ist Autor zahlreicher Bücher (zuletzt 2021: *Coronakratie*) und wissenschaftlicher Aufsätze und in allen Medien vertretener exzellenter Interpret zeitgenössischer politischer Vorgänge.

Hedwig Richter (geboren 1973 in Urach) ist seit 2019 Professorin für Neuere und Neueste Geschichte an der Universität der Bundeswehr München. Sie studierte Geschichte, Germanistik und Philosophie an der Universität Heidelberg, der Queen's University Belfast und der Freien Universität Berlin. 2008 wurde sie an der Universität zu Köln promoviert. 2016 habilitierte sie sich an der Universität Greifswald. Vor ihrer Berufung lehrte und forschte Hedwig Richter an den Universitäten Bielefeld, Greifswald und Heidelberg und am Hamburger Institut für Sozialforschung. Hedwig Richter hatte Fellowships am Deutschen Historischen Institut in Washington D.C. und am Institut für Zeitgeschichte der Tschechischen Akademie der Wissenschaften in Prag. Sie ist unter anderem Mitglied im Herausgeber und Herausgeberinnengremium der Reihe *Geschichte und Geschlechter* (Campus Verlag), Redaktionsmitglied der *Zeitschrift für Ideengeschichte* und Mitglied im wissenschaftlichen Beirat der Denkfabrik Progressives Zentrum e. V. (Berlin) und der Stiftung Reichspräsident-Friedrich-Ebert-Gedenkstätte. 2020 erhielt Hedwig Richter den Anna Krüger Preis für »ein hervorragendes Werk in einer guten und verständlichen Wissenschaftssprache« vom Wissenschaftskolleg zu Berlin. Ihre Forschung wurde außerdem mit dem Offermann-Hergarten-Preis der Universität zu Köln (2010) und dem Stiftungspreis der Demokratie-Stiftung (2018) ausgezeichnet. Hedwig Richter schreibt für die *Frankfurter Allgemeine Zeitung*, die *Süddeutsche Zeitung, die ZEIT*, die *taz* und den *Spiegel*. Ihr Buch *Demokratie – eine deutsche Affäre* (2020) wurde zu einem Bestseller. Zuletzt erschien *Aufbruch in die Moderne – Reform und Massenpolitisierung im Kaiserreich* (2021).

Michael Rutz (geboren 1951 in Coburg) ist Publizist und lebt nahe Hamburg. Nach dem Abitur in Coburg und Studium der Rechts- und Wirtschaftswissenschaften in Würzburg absolvierte er eine journalistische Ausbildung beim *Bayerischen Rundfunk*, wo er nach Studienabschluss 1976 in die Wirtschaftsredaktion eintrat. Nach Stationen als Auslandskorrespondent in Washington und London war er Abteilungsleiter Wirtschaft im Hörfunk, dann stellvertretender Chefredakteur des *Bayerischen Fernsehens*. Von 1989 bis 1994 war er Chefredakteur des Privatsenders *SAT 1*. 1994 übernahm er die Wochenzeitung *Rheinischer Merkur* als Chefredakteur, die er bis zu deren Verkauf 2010 leitete. Rutz ist Honorarprofessor an der Hochschule für Medien in Mittweida und Geschäftsführender Gesellschafter der *Prof. Rutz Communications GmbH* sowie der *Faktor 3 Public Sense GmbH*, beide in Berlin. Er ist Autor zahlreicher Bücher und Fernsehfilme.

Rüdiger von Voss (geboren 1939 in Potsdam) ist Autor und Rechtsanwalt in Berlin. Nach prominenten Tätigkeiten in Politik und Verbänden war er von 1983–2004 Generalsekretär und Mitglied des Präsidiums des Wirtschaftsrates der CDU e. V. in Bonn und Berlin. Er ist Ehrenvorsitzender des Kuratoriums der Stiftung 20. Juli 1944, Gründer und Ehrenvorsitzender der Forschungsgemeinschaft 20. Juli 1944. Er promovierte zum Dr. phil. bei Frank-Lothar Kroll in Chemnitz. Voss ist Autor zahlreicher Bücher, etwa: *Der Geist des Widerstandes – Reden zum 20. Juli 1944* (2013) sowie *Niemandsland* (2018), zuletzt 2020 *Für Freiheit, Recht, Zivilcourage –* herausgegeben mit Frank-Lothar Kroll. Mitglied des Herausgebergremiums der Reihe »Widerstand im Widerstreit« (be.bra wissenschaft verlag, Berlin). Rüdiger von Voss ist Träger zahlreicher Auszeichnungen.